인코텀즈
2020 **7일만에
쉽게 끝내는
무역실무**

인코텀즈 2020 7일만에 쉽게 끝내는 무역실무

이기찬 지음

중앙경제평론사

머리말

    학교에서 부전공으로 무역을 이수하고 처음 무역 일을 시작했을 때 가장 당황스러웠던 것은 학교에서 배운 무역실무와 현장에서 부딪치는 무역실무 사이에 상당한 간극이 있다는 것이었다. 학교에서 배운 수많은 용어와 절차 중에는 실무에서 전혀 등장하지 않는 것들도 많았고, 책에 나온 설명대로 진행되지 않는 경우도 허다했으며, 책에서는 언급조차 되지 않았지만 실무적으로 중요한 것도 많았다.

    이유는 간단했다. 학교에서 무역을 가르치는 교수님들이 대부분 실제로 무역현장에서 일한 경험이 없이 이론적으로만 무역을 공부하고 교재를 집필하다보니 무역현장에서 실제로 필요한 무역실무보다는 이론적이거나 지엽적인 내용에 집착했기 때문이다. 결과적으로 학교에서 무역을 전공했더라도 회사에 들어가서 무역실무를 새로 배워야 하는 웃지 못할 상황이 벌어지고 있다.

    무역실무에서 중요한 것 중에 하나인 인코텀즈만 하더라도 기존의 무역실무서가 인코텀즈 원문을 그대로 번역해서 소개하는 데 많은 지면을 할애하고 있지만 정작 인코텀즈가 왜 중요하고 실무에서 어

4

떤 식으로 적용되는지에 대한 설명은 찾아보기가 힘들다. 대금결제와 관련된 내용 중에는 일반적인 무역거래에서는 거의 사용되지 않는 내용들이 상당부분을 차지하고 있다. 무역업체에서 직접 처리하지도 않는 운송, 보험, 통관 업무에 대해서도 해당 분야의 전문가들도 잘 모르는 이론적인 내용까지 망라되어 있다.

물론 기존의 무역실무서가 무역을 학문적으로 연구하거나 무역관련 시험을 준비할 때 유효하다는 데는 이견이 없다. 하지만 무역을 공부하는 목적이 단순히 무역 일을 하기 위한 것이라면 굳이 기존의 무역실무서에 나오는 방대한 내용을 공부하느라 애쓸 필요는 없다. 이 책은 무역을 학문적으로 연구하는 목적이 아니라 실제로 무역 일을 하기 위해서 무역을 배우는 독자들이 좀 더 쉽고 효과적으로 무역을 이해할 수 있는 방법을 찾으려고 고민을 거듭한 끝에 탄생한 결과물이다.

이 책을 쓸 때 가장 고민한 것은 분량을 어느 정도로 하느냐 하는 것이었다. 분량이 지나치게 많으면 배우는 입장에서 집중하기가 힘들고 부담스러운 반면에 분량을 줄이는 데만 초점을 맞추면 무역실무의 중요한 부분을 빠뜨리는 우를 범할 수도 있다. 이 책은 무역실무의 전체적인 내용을 최대한 압축하면서도 중요한 내용을 빠뜨리지 않도록 적정한 분량으로 담아내는 데 주안점을 두었다.

이 책이 기존에 나온 무역실무서와 다른 점은 전적으로 실무 위주로 쓰였다는 것이다. 학교에서 가르치는 무역실무의 방대한 내용 중에서 이론적이거나 실무적으로 중요하지 않은 부분은 과감하게 생략하고 실무적으로 중요한 부분은 상세한 설명을 곁들임으로써 당장 무역 일을 시작해야 하는 독자들이 자신감을 가지고 업무에 임할 수 있도록 하였다.

특히 각 장의 마지막 부분에 정리해놓은 실무를 위한 팁은 이 책의 백미다. 기존의 무역실무서가 무역용어나 절차를 백화점식으로 늘어 놓는 데 급급했다면 이 책에서는 주제별로 실무에서 활용할 수 있는 팁을 추가함으로써 무역실무자들에게 실질적인 가이드라인을 제공 하는 데 주력하였다.

또한 무역현장에서 일할 때 헷갈리거나 애매한 내용들을 마지막 장에 '실전을 위한 무역실무'라는 제목을 달아서 정리해놓았다. 앞부 분에서 실제로 무역업무가 진행되는 과정을 전체적으로 이해하고 마 지막 장에서 주제별로 정리해놓은 실무지식을 보충함으로써 무역초 보자가 무역현장에서 겪어야 하는 시행착오를 최소화할 수 있도록 하였다.

이 책이 이제 막 무역 일을 시작하는 신입사원이나 무역창업자, 자 신이 직접 무역 일을 하지는 않지만 업무상 무역 일이 어떻게 돌아가 는지를 알아야 하는 독자들에게 두루 도움이 되기를 기원해본다.

contents

Chapter 1
무역의 개요

무역의 정의

    무역이란 무언가를 외국에 팔거나 외국에서 사오는 것이다. 무역의 대상은 유형의 상품뿐만 아니라 형체가 없는 소프트웨어, 문화콘텐츠(영화, 게임, 애니메이션, 만화, 캐릭터 등) 및 서비스, 자본, 노동, 기술 등을 포함한다.

    국내거래와 비교했을 때 무역거래의 가장 큰 특징은 물품이 국경을 넘어서 이동한다는 것이며, 물품이 국경을 넘어서 이동하기 위해서는 반드시 통관절차를 거쳐야 한다. 통관절차의 유무야말로 국내거래와 무역거래를 구분할 수 있는 가장 큰 차이라고 할 수 있다.

    또한 육상운송이 주가 되는 국내거래와 달리 무역거래에서는 주로 해상운송이나 항공운송을 통해서 물품이 운송되며, 장거리 운송에 따르는 사고에 대비하기 위해서 적하보험을 들어야 한다.

무역거래의 형태

일반적인 무역거래는 통관절차를 거쳐 국내에서 외국으로 물건이 나가거나 외국에서 물건이 들어오는 형태로 이루어지지만 위탁가공무역이나 중계무역과 같이 특정한 형태로 이루어지는 거래도 있다.

위탁가공무역이란 인건비가 저렴한 제3국의 가공업체와 위탁가공계약을 체결하고 가공임을 지급하는 조건으로 물품생산에 필요한 원료의 전부 또는 일부를 제공해서 물건을 가공토록 한 후 가공된 물품을 수입하거나 제3국으로 수출하는 것이다.

중계무역이란 수출할 것을 목적으로 물품을 수입하여 제3국으로 수출하는 거래방식으로서 수입한 물품을 원상태 그대로 수출하여 수출대금과 수입대금의 차액을 취득하는 거래방식이다.

수출금액(CIF)에서 수입금액(FOB)을 공제한 중계차익을 수출실적으로 인정받을 수 있으며, 대외무역법상 물품이 우리나라를 경유하는 경우는 물론 최초 수출국에서 최종 수입국으로 직접 인도되는 경우에도 중계무역으로 인정받을 수 있다.

무역업 창업절차

　무역업을 창업하려면 사업장을 관할하는 세무서에서 사업자등록을 하고 한국무역협회로부터 무역업고유번호를 부여받아야 한다.

　사업자등록은 법인 또는 개인으로 할 수 있으며 업태는 도매, 종목은 무역으로 한다. 무역업고유번호는 한국무역협회 본부 또는 지부에 사업자등록증과 함께 신청서를 제출하면 부여받을 수 있으며, 수출입 통관 시 작성하는 수출입신고서에 무역업고유번호를 기재함으로써 수출입실적을 인정받을 수 있다.

　사업자등록을 한 사업자는 매분기 또는 반기별로 부가세 신고를 하고, 1년에 한 번씩 법인사업자는 법인세, 개인사업자는 종합소득세 신고를 해야 한다. 신고요령 등 세무와 관련한 좀 더 자세한 내용은 국세청 웹사이트(www.nts.go.kr)에서 확인할 수 있다.

수출입의 관리

우리나라에서는 사업자등록만 하면 누구나 자유롭게 무역을 할 수 있지만 품목에 따라서는 국가경제나 국민을 보호하기 위하여 수출입을 제한하는 수출입품목관리제도가 운영되고 있다.

수출입품목관리는 대외무역법에 근거한 수출입공고와 개별법에 의한 제한내용을 통합해서 공고하는 통합공고 및 전략물자수출입고시에 따라 이루어진다. 수출입공고와 통합공고의 내용은 한국무역협회 웹사이트(www.kita.net)에서 제공하는 품목별수출입요령 메뉴에서 확인할 수 있고, 전략물자수출입고시와 관련된 내용은 산업통상자원부에서 운영하는 전략물자관리시스템(www.yestrade.go.kr)에서 확인할 수 있다.

한편 각국 세관에서 수출입을 심사하고 관세를 부과하기 위하여 국제적인 상품분류체계인 HS(Harmonized Systems)를 제정하였으며, 우리나라에서는 품목별로 10자리 숫자로 이루어진 HSK 코드를 사용하고 있다. 품목별 HSK 코드는 관세청 웹사이트(www.customs.go.kr)에서 확인할 수 있다.

무역업무의 흐름

   무역거래는 거래상대방이 외국에 있다 뿐이지 기본적인 업무의 흐름은 국내에서 물건을 사고파는 국내거래와 다를 바가 없다.

   즉 물건을 사고팔기 위해서는 어떤 물건을 누구에게 팔 것인지 또는 누구로부터 어떤 물건을 살 것인지를 정하고, 가격이나 결제방식과 같은 계약조건에 합의한 다음, 계약된 물건을 보내고 받음으로써 거래가 종결되는 것이다.

   여기까지는 국내거래와 무역거래가 차이가 없으나 무역거래를 하기 위해서는 물건을 보내고 받는 것으로 끝나는 것이 아니라 보험을 들고 통관절차를 거쳐야 한다.

   우선 무역거래를 하기 위해서 반드시 들어야 하는 보험이 바로 적하보험이다. 적하보험이란 물건이 이동되는 중에 분실되거나 파손됐을 때 입은 손해를 보상해주는 보험으로서 계약조건에 따라 구간별로 누가 보험을 들어야 할지가 정해진다.

   통관이란 물건이 국경을 넘어 이동할 때 거쳐야 하는 절차로서 같은 나라 안에서 물건을 사고파는 국내거래에서는 통관절차를 거칠 필요가 없으나 외국으로 물건을 내보내거나 외국에서 물건을 들여오기 위해서는 반드시 통관절차를 거쳐야 한다.

이상에서 살펴본 내용을 정리하면 무역업무는 크게 ① 아이템과 거래처의 개발 ② 상담 및 계약 ③ 운송, 보험, 통관의 3단계로 구분할 수 있으며, 이 중에서 운송업무는 포워더(forwarder), 통관업무는 관세사를 통해서 처리할 수 있다.

Review & Tips

무역을 하기 위한 절차는 크게 복잡하지 않다. 사업자등록을 하고 한국무역협회로부터 무역업고유번호를 발급받으면 누구나 무역을 시작할 수 있다. 다만 품목에 따라서는 수출입거래가 제한될 수도 있으므로 관세청 웹사이트(www.customs.go.kr)에서 취급할 품목의 HSK 코드를 확인한 후 한국무역협회 웹사이트(www.kita.net)에서 해당 품목의 품목별수출입요령을 확인하고 전략물자관리시스템(www.yestrade.go.kr)에서 전략물자에 해당되는지를 확인할 필요가 있다.

우리나라에서는 무역 관련 3대법으로 대외무역법, 외환관리법, 관세법 등을 규정해놓고 있으나 이런 법들의 세부적인 내용까지 미리 공부해둘 필요는 없다. 법의 특성상 정상적인 무역거래에는 해당되지 않는 조항들이 대부분이며 특수거래에만 해당되는 조항들도 많기 때문에 실제로 무역거래를 하면서 필요한 부분만 확인해도 된다.

Chapter 2
해외거래처개발방법

인터넷을 통해서
해외거래처를 개발하는 방법

해외거래처를 개발할 수 있는 가장 손쉬운 방법은 인터넷을 활용하는 것이다. 수출을 하려면 인터넷상에 웹사이트를 개설해서 기업 및 제품에 대한 다양한 정보를 제공함으로써 해외바이어들이 찾아오도록 하고, 수입을 하려면 해외공급업체의 웹사이트를 방문해서 해당 기업 및 취급상품에 대한 정보를 확인하고 접촉할 수 있다.

하지만 실제로 이런 방식으로 해외거래처를 개발하는 것은 쉽지 않다. 인터넷상에 수많은 웹사이트가 존재하기 때문에 수출자가 아무리 웹사이트를 잘 만들어놓아도 바이어가 찾아온다는 보장이 없으며 인터넷으로 검색을 하면 워낙 많은 결과물이 나오기 때문에 인터넷 검색을 통해서 해외공급업체를 찾는 것도 쉬운 일이 아니다.

이런 문제를 해결해주는 것이 바로 무역거래알선사이트다. 무역거래알선사이트란 전 세계의 바이어와 셀러를 연결해주는 사이트로서 셀러가 자신이 수출하고자 하는 수출품과 관련된 정보를 사이트에 올려놓으면 바이어가 해당 수출희망게시물을 살펴보고 마음에 드는 제품을 공급하는 업체에 연락하는 방식으로 운영되고 있다.

20

전 세계적으로 수많은 무역거래알선사이트가 있으나 그중 상당수는 이용률이 저조하고 업데이트도 잘되지 않으며 사이트 운영도 부실한 경우가 많다. 현재 가장 활발하게 운영되고 있는 무역거래알선사이트는 다음과 같다.

사이트 이름	사이트 주소	비고
Alibaba	www.alibaba.com	중국에서 운영하는 사이트로서 세계 1위의 거래알선사이트이며 중국 유저의 비중이 50%가 넘음.
EC21	www.ec21.com	한국에서 운영하는 사이트로서 Global Buyer DB에서 품목별 바이어정보를 검색할 수 있음.
ECPlaza	www.ecplaza.net	한국에서 운영하는 사이트로서 특화된 서비스를 제공하는 프리미엄 멤버십제도를 운영함.
Tradekey	www.tradekey.com	파키스탄에서 운영하는 사이트로서 파키스탄 및 중국, 중동지역 유저의 비중이 높음.
Globalsources	www.globalsources.com	싱가포르에서 운영하는 사이트로서 중국, 미국, 인도 유저가 다수를 차지함.

앞서 소개한 무역거래알선사이트들은 이용하기도 편리하고 전 세계적으로 수많은 바이어와 셀러가 방문하므로 해외거래처를 개발하는 데 유용한 도구로 활용할 수 있다. 하지만 인터넷의 특성상 사기를 당할 수도 있고 세계적으로 유명한 공급업체나 바이어들의 경우에는 굳이 이런 사이트를 방문하지 않더라도 거래관계를 맺고자 하는 업체들이 줄 서 있기 때문에 이런 사이트를 통해서 세계적으로 유

명한 거래처를 만날 가능성은 높지 않다.

따라서 전적으로 인터넷 무역거래알선사이트에만 의존하기보다는 다음에 소개하는 디렉토리, 무역관련기관, 전시회 등과 같은 다양한 방법을 동원해서 해외거래처를 개발하는 것이 바람직하다.

무역디렉토리를 활용하는 방법

무역디렉토리란 전 세계 각국의 기업 정보를 정리해서 책자 또는 인터넷을 통해서 제공하는 것으로서 국가별, 아이템별, 거래유형별로 다양한 디렉토리가 있다.

무역거래알선사이트가 당사자들이 직접 게시물을 올리는 데 반해서 무역디렉토리는 디렉토리를 출간하는 업체에서 전 세계 각국의 제조업체, 셀러, 바이어들에 관한 정보를 수집해서 책으로 편집함으로써 상대적으로 정보의 신뢰도가 높고 무역거래알선사이트에서는 접할 수 없는 유명업체에 관한 정보를 얻을 수 있다는 장점이 있다.

반면에 무역디렉토리에는 단순히 해당 업체에 관한 간단한 정보만 수록되어 있을 뿐 무역거래알선사이트처럼 다양한 정보를 제공하지도 않고 사용하기도 불편하며 업데이트가 잘되지 않는다는 등의 단점이 있으나 무역거래알선사이트를 보완하는 도구로서 활용할 가치가 있다.

한국무역협회, KOTRA, 한국수입업협회 등과 같은 무역관련기관의 자료실에 가면 책자로 출간된 다양한 무역 디렉토리를 찾아볼 수 있으며, 일부 디렉토리는 인터넷을 통해서도 자료를 검색할 수 있다. 대표적인 무역 디렉토리는 다음과 같다.

디렉토리명	사이트 주소	내용
KOMPASS	www.kompass.com	전 세계 각국의 기업정보
Thomas Register	www.thomasnet.com	미국 및 캐나다의 제조업체 정보

상기한 디렉토리들이 모든 품목의 관련 업체 정보를 다루고 있는 종합 디렉토리인 데 반해서 다음과 같이 품목별로 전문화된 디렉토리도 있다.

품목	디렉토리
Chemical	The Directory of International Chemical Supplies
Metal	Metal Traders of the World
Telecommunication	Major Telecommunications Companies of the World
Food	World Food Industry Sourcebook
Pulp & Paper	International Pulp & Paper Directory

이밖에도 다음과 같이 바이어에 관한 정보만을 따로 모아놓은 디렉토리도 있다.

디렉토리명	내용
The International Directory of Importers	대륙별, 국가별, 아이템별로 수입상의 상호, 담당자 이름, 전화번호, 팩스번호, 취급품목 등을 수록
The International Directory of Agents Distributors & Wholesalers	아이템별 · 국가별로 에이전트, 판매상, 도매상 등에 관한 자료를 수록
The Directory of Mail Order Catalog	미국 내 메일 오더회사의 주소, 전화번호, 팩스번호, 이메일주소, 취급품목 등을 수록
Directory of Department Stores	미국 내 백화점들의 주소, 전화번호, 팩스번호, 설립일, 판매액 등을 지역별로 나누어 수록
Directory of United States Importers	미국 내 수입업체들의 주소, 전화번호, 팩스번호, 취급품목 등을 수록

　무역디렉토리에서 정보를 입수한 해외거래처를 접촉할 때는 우선 상대방을 알게 된 경위를 설명하고 신규거래관계를 수립하는 데 관심이 있는지를 타진해야 한다. 디렉토리에 수록된 업체 중에 상당수는 새로 거래관계를 수립하는 데 관심이 없을 수도 있다는 점을 감안하여 답신이 없거나 부정적인 답변이 오더라도 실망하지 말고 지속적으로 새로운 업체를 접촉하는 것이 바람직하다.

무역관련기관을 활용하는 방법

해외거래처를 개발할 때는 무역관련기관도 최대한 활용할 필요가 있다. 국내무역관련기관에서 운영하는 무역거래알선사이트를 활용하거나, KOTRA의 해외지사망을 활용해서 해외거래처를 개발하거나, 세계 각국의 무역관련기관을 접촉해서 해당 국가의 공급업체나 바이어에 관한 정보를 입수할 수도 있다. 해외거래처를 개발하는 데 활용할 수 있는 국내외 무역관련기관은 다음과 같다.

》 국내 무역관련기관

기관명	사이트 주소	비고
한국무역협회	www.kita.net	www.tradekorea.com을 통해서 무역거래알선
KOTRA	www.kotra.or.kr	www.buykorea.org를 통해서 무역거래알선
중소기업진흥공단	www.sbc.or.kr	www.gobizkorea.com을 통해서 무역거래알선
농수산물유통공사	www.at.or.kr	www.agrotrade.net을 통해서 무역거래알선

≫ 해외 국가별/지역별 무역관련기관

국명	무역기관
미국	ITA(International Trade Administration) www.ita.doc.gov
캐나다	CCC(Canadian Commercial Corporation) www.ccc.ca
유럽	European Chamber of International Business www.ecib.com
영국	DTI(Department of Trade of Industry) www.dti.gov.uk
이탈리아	Italian Institute for Foreign Trade www.italtrade.com
벨기에	BFTB(Belgium Foreign Trade Board) www.obcebdbh.be
호주	AUSTRADE(Australia Trade Commission) www.austrade.gov.au
뉴질랜드	Trade New Zealand www.tradenz.govt.nz
일본	JETRO(Japan External Trade Organization) www.jetro.go.jp
중국	CCPIT(China Council for the Promotion of International Trade) www.ccpit.org
홍콩	TDC(Hong Kong Trade Development Council) www.tdctrade.com
대만	CETRA(China External Trade Development Council) www.taiwantrade.com.tw
태국	DEP(Department of Export Promotion) www.thaitrade.com
필리핀	DTI(Department of Trade & Industry) www.dti.gov.ph

인도네시아	NAFED(National Agency For Export Development) www.nafed.go.id
말레이시아	MATRADE(Malaysia External Trade Development) www.matrade.gov.my
싱가포르	International Enterprises Singapore www.iesingapore.com
인도	Department of Commerce & Industry www.nic.in/eximpol
중남미	Latin Trade www.latintrade.com
브라질	BrazilBiz www.brazilbiz.com.br
아프리카	MBendi www.mbendi.co.za
세계	World Trade Centers Association www.wtca.org

전시회를 활용하는 방법

해외거래처를 개발할 수 있는 확실하면서도 효과적인 방법 중에 하나가 전시회를 활용하는 것이다. 전시장에서는 실제 상품을 보면서 구체적인 상담이 가능하므로 경쟁력 있는 해외공급업체나 구매력 있는 바이어를 개발하기 위해서 적극적으로 활용할 필요가 있다.

전 세계에서는 매일같이 수많은 전시회가 개최되고 있지만 그중 상당수는 국내시장을 겨냥한 전시회이거나 명목상으로는 국제전시회라고 하지만 경쟁력 있는 해외공급업체나 구매력 있는 바이어를 만나기 힘든 전시회도 많다. 따라서 전시회에 출품할 때는 아이템별로 전 세계 유명업체들이 집결하는 대표적인 전시회를 선택하는 것이 중요하다.

아이템별로 대표적인 국제전시회는 다음과 같다.

아이템	전시회
가구	밀라노가구박람회(Salone Internazionale del Mobile, Int'l Expo of Furniture)
가전	라스베이거스가전박람회(CES)
가정용품	시카고가정용품박람회(International Houseware Show)
게임	로스앤젤레스게임박람회
광학	밀라노광학박람회 (MIDO/Int'l Optics, Optometry & Ophthalmology Exhibition)
금속산업	뒤셀도르프주조박람회(NEWCAST)
기계	하노버박람회(Hannover Messe)
모피 및 혁제의류	프랑크푸르트모피 및 혁제의류박람회(Fur & Fashion Frankfurt)
문구, 선물용품	프랑크푸르트문구선물용품박람회(Paperworld-Internationale Frankfurter Messe)
미용용품	싱가포르미용박람회(BEAUTY ASIA)
방송통신관련 장비	NAB미국방송박람회(NAB SHOW)
보석	도쿄국제보석전(IJT)
보안, 안전	대만보안안전박람회(SecuTech EXPO)
소비재	프랑크푸르트춘계소비재박람회 (Ambiente Internationale Frankfurt Messe)
섬유직물	프랑크푸르트하임텍스타일(Heimtextile)
시계	홍콩시계박람회(Hong Kong Watch & Clock Fair)
신발	라스베이거스신발박람회(The WSA show)
실내장식 인테리어	파리메종오브제(Maison & Objet PARIS)

악기	프랑크푸르트국제악기박람회(Int'l Trade fair for Musical Instruments)
완구	뉴렌버그완구박람회(Internaitonal Toy Fair Nuernberg)
운동용품	뮌헨운동용품박람회 (International Trade Fair for Sports Equipments & Fashion)
유아용품	쾰른유아용품박람회(Kind + Jugend)
음악 악기	프랑크푸르트뮤직메세(Musikmesse)
의료기기	베이징의료기기박람회(CHINAMED)
의류패션	홍콩패션박람회(Hong Kong Fashion Week for Fall/Winter)
정보통신	하노버국제정보통신박람회(CeBIT Hannover/World Business Fair)
종합	광저우박람회(Canton Fair)
축산	애틀란타축산박람회(IPE)
플라스틱	도쿄플라스틱박람회(N PLUS)

국내외 전시회 일정 및 상세정보, 전시회 출품지원 등에 대해서는 KOTRA에서 운영하는 글로벌전시포털(www.gep.or.kr)에서 확인할 수 있다.

상담회를 활용하는 방법

무역관련기관과 업종별 관련 단체, 각종 지방자치단체에서 주최하는 상담회를 통해서 해외거래처를 개발할 수 있다. 전시회가 단시간 내에 다수의 업체를 만날 수 있는 장점이 있지만 개별 업체와 집중적인 상담을 하기가 어렵다는 문제가 있는 반면에 상담회는 1 대 1 개별 미팅방식으로 진행되므로 좀 더 심도 있는 상담을 해서 거래성사 가능성을 높일 수 있다.

상담회는 대개 외국의 바이어나 셀러를 국내로 초청해서 해당 업체들이 취급하는 국내업체들과 미팅을 주선하거나, 반대로 국내업체들이 외국에 나가서 현지의 바이어나 셀러와 만나는 방식으로 이루어진다.

비록 1 대 1 개별미팅 방식으로 운영되지만 개별기업별로 한 업체만 만나는 것이 아니라 복수기업과 1 대 1 미팅이 이루어지므로 경쟁업체와 차별화할 수 있는 조건을 들고 나가야 거래성사율을 높일 수 있다.

한국무역협회, KOTRA, 중소기업진흥공단, 한국수입업협회 등 무역관련기관과 업종별 관련 단체, 지방자치단체 등에서 다양한 상담회를 개최하고 있으며 구체적인 상담회 일정은 해당 기관의 웹사이트에서 확인할 수 있다.

해외조달을 활용하는 방법

　세계 각국의 행정기관이나 UN 등 국제기구가 구매하는 상품 및 서비스 조달시장에 참여함으로써 해외거래처를 개발할 수 있다. 해외조달시장에 진출하기 위해서는 각국 정부나 국제기구에서 주관하는 경쟁입찰을 통해서 직접 진출하거나 발주처와 계약을 체결한 주계약자(Prime Contractor)에게 하청형태로 납품하는 방식으로 참여할 수도 있다. 해외조달시장에 진출하려는 업체들은 다음과 같은 지원을 받을 수 있다.

지원내역	지원기관
정보지원	한국무역협회, 중소기업청, 조달청 해외조달센터(www.pps.go.kr/gtom)
마케팅지원	KOTRA(정부조달사업팀 운영), 중소기업청(민간해외지원센터), 중소기업청(글로벌네트워크 Agency 사업팀)
금융지원	무역보험공사(해외정부조달 수출보험, 해외공사보험), 수출입은행(대출 및 이행보증), 중소기업청(수출용 생산비용 소요자금 대출)

해외거래처를 개발하는 데는 특별한 비결이 있을 수 없다. 취급품목이나 거래형태에 따라 앞서 소개한 다양한 방법을 동원하여 해외거래처를 개발하되 가급적이면 믿을 만하고 경쟁력이 있는 거래처를 개발하는 데 주력해야 한다.

수출의 경우에는 해외거래처를 개발하기에 앞서 다양한 해외시장정보를 입수해서 해외시장진출전략을 수립하는 것이 바람직하다. 국가별, 품목별로 다양한 해외시장정보는 KOTRA에서 제공하는 해외시장뉴스에서 확인할 수 있다.

또한 처음 해외시장개척에 나서는 초보기업의 경우에는 중소기업청에서 운영하는 중소기업수출지원센터, 한국무역협회에서 운영하는 내수기업수출지원화사업, KOTRA에서 운영하는 신규수출기업화 지원사업 등의 도움을 받을 수 있다.

Chapter 3
인코텀즈

인코텀즈 개요

아이템과 해외거래처가 정해지면 바이어와 셀러 간에 품명
(description), 수량(quantity), 가격(price), 포장방식(packing), 선적항
(shipping port), 도착지(destination), 선적기일(shipment date), 결제방식
(payment terms) 등과 같은 계약조건에 합의해야 한다.

이 중 가격과 결제방식을 제외한 나머지 조건들은 수출자와 수입
자 간의 협의과정에서 큰 문제없이 합의될 수 있는 것들이다. 따라서
가격과 결제방식을 어떻게 합의하는지만 이해하면 당장 계약을 체결
하는 데 큰 문제가 없다. 과연 무역거래에서 가격과 결제방식은 어떻
게 합의할까? 먼저 가격을 정하는 방법부터 알아보자.

무역거래에서 가격을 정할 때는 그냥 얼마라고 해서는 안 되고 어
떤 조건에서 얼마라는 식으로 정해야 한다. 즉 무역거래를 하기 위해
서 발생하는 운송비, 보험료, 통관비용과 같은 부대비용 중 어디까지
를 가격에 포함시키고 물건이 운송되는 도중에 사고가 날 경우에 수
출자와 수입자 중 누가 책임을 질 것인가 하는 조건을 정한 후 해당
조건으로 거래할 때의 가격을 정해야 하는 것이다.

이런 조건을 계약을 할 때마다 정하는 것이 번거롭기 때문에 미리 정해놓은 것을 정형거래조건이라고 하며, 국제상업회의소(ICC, International Chamber of Commerce)에서 제정한 인코텀즈 2020에서는 다음과 같은 11가지 정형거래조건에 대해서 규정하고 있다.

조건명	해설
EXW	Ex Works의 약자로서 공장이나 창고와 같은 지정된 장소에서 수출통관을 하지 않은 물품을 인도하는 조건
FOB	Free On Board의 약자로서 지정된 선적항에서 수입자가 지정한 선박에 물품을 적재하여 인도하는 조건
FAS	Free Alongside Ship의 약자로서 지정된 선적항에서 수입자가 지정한 선박의 선측에서 물품을 인도하는 조건
FCA	Free Carrier의 약자로서 수출국 내의 지정된 장소에서 수입자가 지정하는 운송인에게 수출통관이 완료된 물품을 인도하는 조건
CFR	Cost and Freight의 약자로서 선적항에서 물품을 적재하여 인도하고 지정된 목적항까지의 운임을 수출자가 부담하는 조건
CIF	Cost Insurance and Freight의 약자로서 선적항에서 물품을 적재하여 인도하고 지정된 목적항까지의 운임과 보험료를 수출자가 부담하는 조건
CPT	Carriage Paid To의 약자로서 수출자가 선택한 운송인에게 물품을 인도하고 지정된 목적지까지의 운송비를 수출자가 부담하는 조건
CIP	Carriage and Insurance Paid To의 약자로서 수출자가 선택한 운송인에게 물품을 인도하고 지정된 목적지까지의 운송비와 보험료를 수출자가 부담하는 조건
DAP	Delivered At Place의 약자로서 지정된 목적지에 도착한 운송수단에서 물품을 내리지 않은 상태로 인도하는 조건
DPU	Delivered At Place Unloaded의 약자로서 지정된 목적지에 도착한 운송수단에서 물품을 내려서 인도하는 조건
DDP	Delivered Duly Paid의 약자로서 수입통관된 물품을 지정된 목적지에 도착한 운송수단에서 내리지 않은 상태로 인도하는 조건

위험의 이전 및 비용의 분담

인코텀즈 2020에서는 앞서 언급한 11가지 정형거래조건별로 매도인과 매수인의 의무를 각각 10가지씩 규정해놓고 있는데 이 중 실무적으로 중요한 것은 위험의 이전(transfer of risks)과 비용의 분담(allocation of costs)이다.

위험의 이전이란 물건이 운송되는 도중에 사고가 났을 때 수출자와 수입자 중에서 누가 책임을 지느냐를 정해놓은 것으로서 위험이 이전되기 전까지 일어난 사고에 대해서는 수출자가 책임을 지고 이전된 후에 일어난 사고에 대해서는 수입자가 책임을 져야 한다. 수출자가 책임을 져야 할 구간에서 사고가 나면 수출자는 수입자로부터 수출대금을 받을 수 없고, 수입자가 책임을 져야 할 구간에서 사고가 나면 수입자는 물건을 제대로 인수하지 못하더라도 수출자에게 물품대금을 지급해야 하기 때문에 손해를 감수해야 한다. 따라서 이러한 손해를 보상받기 위해서 자신이 책임을 져야 할 구간에서 발생하는 사고로 인한 손해를 보상해주는 보험에 가입해야 한다.

비용의 분담이란 무역거래에서 발생하는 부대비용을 어디까지는 수출자가 부담하고 어디서부터는 수입자가 부담하느냐 하는 것을 정해놓은 것으로서 비용의 분담이 어디에서 이루어지느냐를 감안하여 원가계산을 해야 한다. 즉 수출자는 공장도 가격에 11가지 조건별로 자신이 부담해야 할 부대비용을 더한 수출원가에다 자신의 마진을 더한 수출가격을 산출해서 수입자에게 제시하고, 수입자는 수출자에게 지급하는 수출가격에 11가지 조건별로 자신이 부담해야 할 부대비용을 더해서 수입원가를 계산해야 한다. 무역관련 서식에서 가격을 표시할 때는 정형거래조건명 뒤에 비용의 분담지점을 표시해야 한다.

　11가지 조건별로 인코텀즈 2020에서 규정한 비용의 분담지점과 위험의 이전시점은 다음과 같다.

조건명	비용의 분담	위험의 이전
EXW	공장이나 창고와 같은 지정된 장소에서 물품을 인도하였을 때	공장이나 창고와 같은 지정된 장소에서 물품을 인도하였을 때
FOB	지정된 선적항에서 수입자가 지정한 선박에 물품을 적재하였을 때	지정된 선적항에서 수입자가 지정한 선박에 물품을 적재하였을 때
FAS	지정된 선적항에서 수입자가 지정한 선박의 선측에서 물품을 인도하였을 때	지정된 선적항에서 수입자가 지정한 선박의 선측에서 물품을 인도하였을 때
FCA	수입자가 지정한 운송인에게 물품을 인도하였을 때	수입자가 지정한 운송인에게 물품을 인도하였을 때
CFR	지정된 목적항에 물품이 도착하였을 때	선적항에서 물품이 적재되었을 때
CIF	지정된 목적항에 물품이 도착하였을 때(적하보험료 포함)	선적항에서 물품이 적재되었을 때

CPT	지정된 목적지에 물품이 도착하였을 때	수출자가 선택한 운송인에게 물품을 인도하였을 때
CIP	지정된 목적지에 물품이 도착하였을 때(적하보험료 포함)	수출자가 선택한 운송인에게 물품을 인도하였을 때
DAP	지정된 목적지에서 물품을 인도하였을 때	지정된 목적지에서 물품을 인도하였을 때
DPU	지정된 목적지에서 물품을 내려서 인도하였을 때	지정된 목적지에서 물품을 내려서 인도하였을 때
DDP	지정된 목적지에서 물품을 인도하였을 때(수입통관비용 포함)	지정된 목적지에서 물품을 인도하였을 때

표의 내용을 그림으로 표시하면 다음과 같다.

비용의 분담

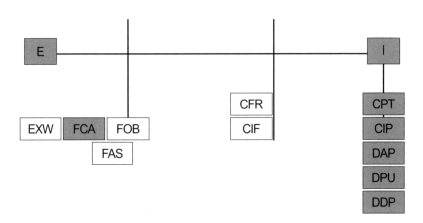

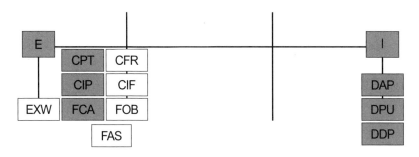

위험의 이전

주 1) E는 수출자(Exporter), I는 수입자(Importer)를 뜻함
주 2) 수출자 쪽의 세로막대는 선적항, 수입자 쪽의 세로막대는 도착항을 뜻함
주 3) 짙은 색으로 표시한 조건의 위치는 유동적임

앞의 그림에서 보듯이 CFR, CIF, CPT, CIP 등 4가지 조건은 비용의 분담지점과 위험의 이전시점이 다르고, 나머지 7가지 조건은 동일하다. 따라서 CFR, CIF, CPT, CIP 조건 중에 하나로 계약이 체결되면 위험은 수출국에서 이전되지만 수입국에 도착할 때까지의 비용을 수출자가 부담해야 한다.

보험부보 및 원가계산 방법

 인코텀즈가 실무적으로 중요한 것은 위험의 이전시점에 따라 수출자와 수입자 중 누가 보험을 들지가 정해지고, 비용의 분담이 어디에서 이루어지느냐에 따라서 원가계산이 달라지기 때문이다. 인코텀즈에서 규정한 위험의 이전시점과 비용의 분담지점에 따라 보험을 누가 들고 원가계산을 어떻게 하는지를 정리해보면 다음과 같다.

≫ 보험

 물건이 수출국에서 수입국으로 이동하는 동안에 발생하는 사고에 따르는 손해를 보상해주는 적하보험의 경우 수입국에서 위험의 이전이 이루어지는 DAP, DPU, DDP 등 3가지 조건에서는 수출자가 보험에 들고, 수출국에서 위험의 이전이 이루어지는 나머지 조건에서는 수입자가 보험을 들어야 한다. 다만 수출국에서 위험의 이전이 이루어지는 8가지 조건 중 CIF와 CIP 조건에서는 예외적으로 수출자가 수입자를 대신해서 보험에 들도록 규정해 놓고 있다.

따라서 CIF나 CIP 조건으로 계약하면 보험은 수출자가 가입하지만 사고가 났을 때 보상은 수입자가 받게 되므로 수출자는 보험에 가입한 후 보험회사로부터 보험증권을 받아서 직접 또는 은행을 통해서 수입자에게 보내주어야 한다. 인코텀즈 2020에서는 CIF 조건은 협회적하약관 ICC(C), CIP 조건은 협회적하약관 ICC(A)로 보험에 가입하도록 규정해 놓았지만 당사자 간의 합의에 따라 부보조건을 바꿀 수 있다.

CIF와 CIP를 제외한 나머지 9가지 조건에 대해서는 인코텀즈에 서로 상대방을 위해서 보험에 가입할 의무가 없다고 규정해 놓았지만, 위험의 이전시점에 따라 DAP, DPU, DDP 조건에서는 수출자가, EXW, FOB, FAS, FCA, CFR, CPT 조건에서는 수입자가 자신을 위해서 보험에 가입하는 것이 바람직하다.

결론적으로 11가지 정형거래조건 중에서 CIF, CIP, DAP, DPU, DDP 등 5가지 조건 중에 하나로 계약하면 수출자가 보험에 가입하고, 나머지 6가지 조건 중에 하나로 계약하면 수입자가 보험에 가입해야 한다.

》 원가계산

수출자는 공장도가격에 정형거래조건별로 수출자가 부담해야 하는 부대비용(운송비, 보험료, 통관비 등)을 더해서 수출원가를 계산하고 여기에 수출자의 마진을 더해서 수입자에게 제시하면 된다. 수입자는 수출자가 제시한 가격에다 정형거래조건별로 수입자가 부담해야 하는 부대비용을 더해서 수입원가를 계산한다. 인코텀즈 2020에서 규정한 비용의 분담시점에 따라서 11가지 조건별로 수출자와 수입자가 부담해야 하는 부대비용을 정리하면 다음의 표와 같다.

거래조건	수출국 내륙운송비	수출통관비	해상(항공) 운임	보험료	수입통관비	수입국 내륙운송비
EXW						
FCA	△	○				
FAS	○	○				
FOB	○	○				
CFR	○	○	○			
CIF	○	○	○	○		
CPT	○	○	○			△
CIP	○	○	○	○		△
DAP	○	○	○	○		△
DPU	○	○	○	○		△
DDP	○	○	○	○	○	△

위의 표에서 개별 조건별로 ○표시한 항목이 해당 거래조건에서 수출자가 부담해야 할 부대비용을 뜻하며, 빈칸으로 표시한 항목은 수입자가 부담해야 할 부대비용을 뜻한다. 따라서 수출원가를 계산할 때는 개별 조건별로 공장도가격에다 ○표시를 한 부대비용을 더하면 되고, 수입원가는 수출자가 제시한 금액에다 빈칸으로 표시한

부대비용을 더해서 계산하면 된다.

예를 들어 CIF 조건으로 거래한다면, 수출자는 수출국내륙운송비, 수출통관비, 해상(항공) 운임, 보험료 등을 더해서 수출원가를 계산하고, 수입자는 수출자가 제시하는 가격에다 수입통관비, 수입국내륙 운송비 등을 더해서 수입원가를 계산하면 된다.

위의 표에서 △로 표시한 것은 발생할 수도 있고 발생하지 않을 수도 있다는 뜻이다. 즉 FCA 조건에서 인도장소가 공장이나 창고인 경우에는 수출자가 수출국내륙운송비를 부담할 필요가 없으며, CPT, CIP, DAP, DPU, DDP 조건에서 인도장소가 항구인 경우에는 수입국의 내륙운송비를 부담할 필요가 없다.

Review & Tips

무역실무의 전 과정에서 실무적으로 중요한 것 중에 하나가 인코텀즈다. 인코텀즈가 실무적으로 중요한 이유는 인코텀즈를 이해해야만 정확한 원가계산이 가능하고 적하보험을 누가 들지를 판단할 수 있기 때문이다.

인코텀즈 2020에서는 11가지 정형거래조건에 대해서 규정해놓았지만 일반적인 무역거래에서는 주로 FOB와 CIF 조건을 사용한다.

FOB는 Free On Board의 약자로서 선적항에서 물건을 실을 때까지의 비용을 가격에 포함시키는 조건이며 조건명 뒤에 선적항을 명시해서 FOB Busan이라는 식으로 표시한다. 즉 FOB Busan이라고 하면 부산항에서 물건을 실을 때까지의 비용을 가격에 포함시킨다는 뜻이다.

CIF는 Cost Insurance and Freight의 약자로서 도착항까지의 보험료와 운송비까지를 가격에 포함시키는 조건이며 조건명 뒤에 도착항을 명시해서 CIF New York과 같이 표시한다. 즉 CIF New York이라고 하면 선적항에서 물건을 실을 때까지의 비용에다 뉴욕항까지의 운임과 보험료까지 가격에 포함시킨다는 뜻이다.

수출을 하기 위해서는 우선 11가지 정형거래조건 중에 하나를 선택해 수출가격을 산정하여 수입자에게 제시해야 한다. 수입자는 수출자가 제시한 거래조건은 그대로 두고 가격을 깎아달라고 할 수도 있고 다른 조건으로 바꿔달라고 할 수도 있다. 만약 FOB Busan 조건으로 가격을 제시했는데 CIF New York 조건으로 바꿔달라고 하면 FOB Busan 조건의 가격에다 부산항에서 뉴욕항까지의 운임과 보험료를 더해서 알려주면 된다. 수입자 중에는 처음부터 자신이 거래조건을 정해서 해당 조건으로 가격을 제시해달라고 요청하는 경우도 있다.

거래조건별로 발생하는 부대비용은 포워더에게 알려달라고 하면 된다. 포워더란 여행사와 같은 역할을 하는 업체를 뜻한다. 즉 사람이 여행 갈 때 여행사에서 여행객을 대신해서 비행기를 예약해주고 호텔을 예약해주듯이 상품이 여행을 해야 하는 무역거래에서 수출자나 수입자를 대신해서 운송관련업무를 처리해주는 업체를 포워더(운송주선인)라고 한다.

원칙적으로 포워더는 운송관련업무만 처리하고 통관업무는 관세사가 처리하지만 포워더와 관세사가 서로 제휴해서 운송과 통관업무를 일괄처리해주므로 포워더와 관세사를 따로 접촉하지 않더라도 포워더 또는 관세사를 통해서 운송 및 통관 비용을 한꺼번에 확인할 수 있다.

포워더 명단은 한국국제물류협회(www.kiffa.or.kr), 관세사 명단은 한국관세사회(www.kcba.or.kr)에서 각각 확인할 수 있다.

Chapter 4
결제방식

결제방식 개요

결제방식이란 무역거래에 따르는 대금결제를 어떻게 하느냐 하는 것이다. 계약조건 중에서 가장 합의하기 힘든 것이 바로 결제방식이다. 실제 협상과정에서 가격을 포함한 모든 계약조건에 합의가 됐는데도 불구하고 결제방식에 대한 합의가 되지 않아서 계약이 무산되는 경우가 허다하다. 특히 처음 거래를 시작할 때 결제방식에 합의하기가 쉽지 않다.

결제방식에 합의하기가 힘든 이유는 서로 상대방을 믿을 수 없기 때문이다. 수출자는 수입자를 믿을 수 없기 때문에 물품대금을 먼저 보내라고 하고, 수입자는 수출자를 믿을 수 없기 때문에 물품을 먼저 실어 보내라고 우기다가 계약체결에 실패하는 것이다. 따라서 해외 거래처와 상담에 나서기 전에 다양한 결제방식별로 장단점을 파악해서 융통성 있게 대처하는 것이 중요하다. 무역거래에서 주로 사용되는 결제방식은 다음과 같다.

송금방식

송금방식은 영어로는 T/T(Telegraphic Transfer)라고 하며 수입자가 수출자의 은행계좌로 물품대금을 송금하는 방식이다. 송금절차는 국내에서 계좌이체하는 것과 다를 바 없다. 즉 수입자가 자신이 거래하는 은행에 수출자가 지정하는 은행계좌로 대금을 송금해달라고 요청하면 해당 금액만큼 수출자의 은행계좌로 송금이 이루어진다. 이와 같이 송금방식으로 물품대금을 보내고 받는 것은 대단히 간단하고 편리하지만 문제는 언제 돈을 보내고 받느냐 하는 것이다.

송금방식은 송금시점에 따라 사전송금방식과 사후송금방식으로 나누어진다. 사전송금방식이란 물건이 선적되기 전에 대금을 송금하는 방식이고 사후송금방식이란 물건이 도착한 후에 송금하는 방식이다. 사전송금방식은 영어로 T/T in advance라고 표시하고 사후송금방식은 T/T 90 days from B/L date와 같이 표시한다. 사전송금방식과 사후송금방식은 다음 그림과 같은 방식으로 업무가 진행된다.

그림에서 선사는 선박회사를 뜻하고, B/L은 Bill of Lading의 약자로서 선하증권이라고 부르며 선박회사에서 발행해주는 화물인수증

사전송금방식

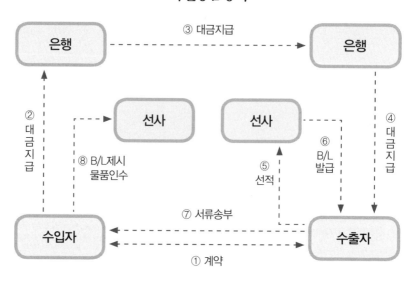

사후송금방식

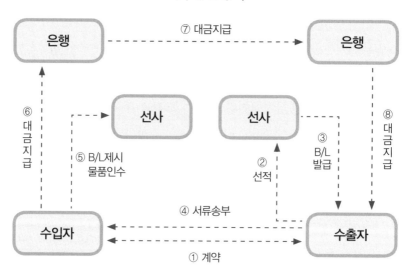

을 뜻한다. B/L에 대해서는 나중에 별도로 설명하기로 한다.

앞의 그림에서 보듯이 송금방식의 거래는 수출자와 수입자 모두에게 편리한 방식이지만 수출자는 사전송금방식을 원하고 수입자는 사후송금방식을 원하기 때문에 처음 거래를 시작할 때 송금시기에 합의하기가 쉽지 않다. 수출자와 수입자 중 한쪽에서 양보해서 위험을 감수해야 하는데 누구도 양보하기가 쉽지 않기 때문이다.

실무적으로 사전송금방식의 거래는 소액거래에 한해서 제한적으로 사용되며, 사후송금방식의 거래는 수입자의 신용도가 높거나 장기간의 거래를 통해서 수입자의 신용이 확인된 경우에 한해서 사용된다.

송금방식의 거래에서는 다음과 같은 용어를 사용하기도 한다.

>> OA(Open Account)

이론적으로는 수출대금을 건별로 계산하지 않고 일정 기간 동안의 거래내역을 장부에 기장한 후 장부마감일에 서로 상계할 것은 상계하고 차액만을 지급하는 상호계산방식을 뜻하지만 실무적으로는 건별 수출대금을 일정 기간 후에 결제하는 사후송금방식의 경우에도 OA라는 용어를 사용한다.

OA 방식은 물품을 선적하고 수입자에게 선적사실을 통보함과 동시에 외상채권이 성립된다는 이미에서 선적통지부사후송금방식이라고도 부르며, 수출자는 은행과 약정을 맺고 수출채권을 매각함으로써 수출대금을 미리 지급받을 수 있다.

　OA 방식에서 수출자가 은행에 외상채권을 매각하고 수출대금을 지급받는 것을 실무적으로 'OA 네고'라고 부르며, 선적서류 원본은 수입자에게 발송하고 은행에는 사본을 제출한다. 약정한 기일에 수입자가 대금을 결제하지 않으면 이미 지급받은 대금을 은행에 반납해야 한다.

　수출자의 입장에서 대금회수에 대한 보장이 없으므로 본·지사 간이나 신용이 확인된 수입자와의 거래에 한하여 제한적으로 활용할 수 있으며, 은행의 입장에서는 수출자에 대한 대출에 해당하므로 신용도가 좋은 일부 기업에 한해서 OA 네고를 허용한다.

❯❯ CAD(Cash Against Documents)

　수출자가 물품을 선적하고 선적서류를 수출국에 주재하는 수입자의 지사나 에이전트에게 제시하거나, 수입자 또는 수입자의 거래은행으로 보낸 후 선적서류와 상환하여 대금을 송금하도록 하는 방식. 당사자 간의 약정에 따라 일정 기간 후에 대금을 송금할 수도 있다.

　선적서류를 수입자의 거래은행으로 보내서 선적서류와 상환하여 대금을 송금하도록 하는 방식을 European D/P라고 부르기도 한다.

» COD(Cash On Delivery)

물품인도와 동시에 대금이 결제되는 방식. 수출자가 물품을 수입국에 주재하는 자신의 지사 또는 에이전트에게 선적하여 물품을 통관토록 한 후 수입자가 물품을 직접 검사하고 상품인수와 동시에 대금을 결제한다.

앞에 소개한 OA, CAD, COD 같은 용어는 업체에 따라서 각기 다른 뜻으로 해석하기도 하며, 그냥 T/T 방식이라고 부르기도 한다. 따라서 송금방식의 경우에는 명칭과 상관없이 거래상대방과 대금결제 시기나 절차 등에 대해서 명확하게 합의해두는 것이 바람직하다.

신용장방식

앞서 소개한 송금방식의 거래가 여러모로 편리하지만 수출자와 수입자가 송금시기에 합의하기가 힘들기 때문에 대안으로 사용할 수 있는 방식이 신용장방식이다.

신용장방식이란 수출자와 수입자가 서로 상대방을 믿을 수 없을 때 은행으로 하여금 대금지급을 약속하도록 하는 방식이다. 즉 신용장이란 수입자를 대신해서 수입자가 거래하는 은행(개설은행)에서 수출자에게 대금을 지급하겠다고 약속하는 증서로서 수출자는 개설은행의 약속을 믿고 물건을 선적한 다음 신용장에서 요구하는 서류를 은행에 제출하고 대금을 지급받는다. 신용장방식의 거래절차는 다음 그림과 같다.

그림에서 보듯이 신용장방식은 수출자가 물품을 선적한 후 신용장에서 요구하는 서류를 은행에 제출하고 대금을 회수하는 방식이다. 수출자로서는 신용장에서 요구하는 서류만 제출하면 대금회수가 보장되고, 수입자로서는 서류를 통해서 계약된 물품이 선적되었다는 사실을 확인한 후에 대금을 지급할 수 있으므로 수출자나 수입자 모

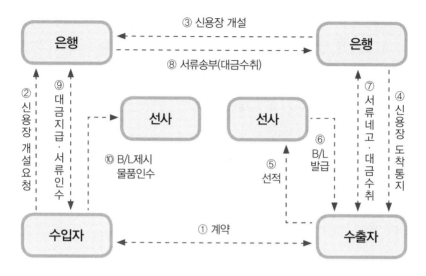

신용장방식

③ 신용장 개설

은행 ◄┄┄┄┄┄┄┄┄┄┄┄┄┄┄┄┄ 은행

⑧ 서류송부(대금수취)

② 신용장 개설 요청
⑨ 대금지급·서류인수
⑦ 서류네고·대금수취
④ 신용장 도착통지

선사   선사

⑩ B/L제시 물품인수
⑥ B/L 발급
⑤ 선적

수입자 ◄┄┄┄┄┄ ① 계약 ┄┄┄┄┄┄► 수출자

두 안심하고 거래할 수 있다는 것이 신용장방식의 특성이자 장점이라고 할 수 있다.

하지만 신용장방식의 거래가 신용장에서 요구하는 서류와 상환하여 대금결제가 이루어짐에 따라 수입자로서는 실제로 선적한 물품이 계약내용과 다르더라도 서류상 문제가 없으면 대금지급을 거부할 수 없으며, 수출자로서는 물품은 제대로 선적하더라도 서류상 문제가 있으면 대금지급을 거부당할 수 있다.

수입자의 입장에서 이와 같은 문제를 해결하기 위해서는 수출자가 물품을 선적하기 전에 수입자의 대리인 또는 SGS와 같은 국제적인 검사기관의 검사를 받도록 하고 검사결과 이상이 없음을 증명하는 검사증명서(inspection certificate)를 제출해야만 대금이 지급되도록 신용장에서 요구하는 서류목록에 검사증명서를 포함시키면 된다.

수출자의 경우에는 신용장의 모든 조항을 면밀히 검토해서 문제의 소지가 있는 조항이 발견되면 수입자에게 해당 조항의 변경(amendment)을 요청하고, 신용장에서 요구하는 조건과 일치하는 서류를 준비하는 데 만전을 기해야 한다.

기존의 무역실무서에서는 상당히 많은 종류의 신용장에 대해서 설명하고 있으나 일반적인 무역거래에는 주로 다음과 같은 신용장이 사용된다.

» 취소불능신용장(irrevocable L/C)

신용장 관련 당사자 전원의 합의 없이는 취소하거나 조건변경이 불가능한 신용장. 무역거래에 사용되는 신용장은 모두 취소불능신용장이며, 신용장에 취소불능이라는 표시가 없어도 취소불능으로 간주한다.

» 화환신용장(documentary L/C)

수출자가 물품을 선적하고 환어음과 함께 상업송장, 선하증권 등과 같이 신용장에서 요구하는 선적서류를 제시하면 이들 서류와 상환하여 신용장대금이 지급되는 신용장으로서 일반상품거래에서는 대부분 화환신용장이 사용된다.

여기서 환어음(draft or bill of exchange)이란 수출자가 개설은행 앞으로 환어음에 기재된 금액을 지급해달라고 요청하는 서식으로서 통상 매입은행을 수령인으로 지정한다.

화환신용장에 대비되는 개념으로 선적서류의 제시 없이 신용장대금이 지급되는 무화환신용장(Clean L/C)이 있으나 실무에서는 거의 사용되지 않는다. 또한 물품거래와 상관없이 순수한 보증목적으로 사용되는 보증신용장(standby L/C)도 선적서류의 제시 없이 대금지급이 이루어진다.

≫ 매입신용장(negotiation L/C)

수출자로부터 선적서류를 받고 대금을 지급해주는 것을 매입(negotiation)이라고 하며 이와 같은 매입을 허용하는 신용장을 매입신용장이라고 한다.

한편 개설은행이 수출국에 있는 지점이나 예치환거래은행을 지급은행으로 지정하고, 해당 은행으로 하여금 선적서류와 상환하여 신용장대금을 지급해줄 것을 위탁하는 신용장을 지급신용장(payment L/C)이라고 한다.

개설은행이 수출국에 지점이나 예치환거래은행이 있는 경우를 제외하고는 수출국에 있는 다른 은행으로 하여금 수출상으로부터 선석서류를 매입하도록 허용할 수밖에 없기 때문에 일반적인 무역거래에서는 대부분 매입신용장이 사용된다.

» 일람불 신용장(at sight L/C)

환어음과 신용장에서 요구하는 선적서류가 제시되는 즉시 신용장 대금이 지급되는 신용장을 일컬으며 이와 반대로 환어음과 선적서류가 제시되고 일정 기간 후에 대금이 지급되는 신용장을 기한부신용장(usance L/C)이라고 한다.

앞에 열거한 신용장의 종류는 서로 대비되는 개념이 아니라 하나의 신용장에 동시에 적용되는 개념이다. 즉 irrevocable documentary at sight negotiation L/C와 같이 취소할 수 없으며 환어음 및 선적서류를 매입은행에 제출하면 즉시 지급해주는 신용장이 일반적인 무역거래에서 주로 사용된다.

한편 개설은행의 신용도가 낮을 때는 신용도가 높은 제3의 은행에서 별도의 지급확약을 하는 confirmed L/C(확인신용장)를 사용하고, 중계무역에서는 최종수입자로부터 수령한 L/C를 제3국 공급자 앞으로 양도할 수 있도록 transferable L/C(양도가능신용장)를 사용한다.

일반적으로 사용되는 신용장의 샘플은 다음과 같다.

40A	Form of Documentary Credit	: IRREVOCABLE
20	Documentary Credit Number	: L12345678
31C	Date of Issue	: 20/05/20
40E	Applicable Rules	: UCP LATEST VERSION
31D	Date and Place of Expiry	: 20/06/30 SEOUL
50	Applicant	: HAPPY CORPORATION.
		111, HAPPY ROAD, NEW YORK, USA
59	Beneficiary	: SMILE CORPORATION
		123, SAMSUNG-DONG, KANGNAM-KU,
		SEOUL, KOREA.
32B	Currency Code, Amount	: USD21,840.00
41D	Available with......By......	: ANY BANK
		BY NEGOTIATION
42C	Drafts at	: SIGHT
42A	Drawee	: NEW YORK BANK
		2007, WALL STREET,
		NEW YORK, USA
43P	Partial Shipment	: ALLOWED
43T	Transshipment	: NOT ALLOWED
44A	Port of Loading/Airport of Departure	: BUSAN, KOREA
44B	Port of Discharge/Airport of Destination	: NEW YORK, USA
44C	Latest Date of Shipment	: 20/06/20

45A Description of Goods and/or Services

1,700 PCS OF SPORTS ACCESSORIES

DETAILS ARE AS PER THE PROFORMA INVOICE

NO SPI 0505 ISSUED BY BENEFICIARY

46A Documents Required

+ SIGNED COMMERCIAL INVOICE IN QUINTUPLICATE

+ PACKING LIST IN TRIPLICATE

+ FULL SET OF CLEAN ON BOARD OCEAN BILL OF LADING MADE OUT TO THE ORDER OF NEW YORK BANK MARKED FREIGHT PREPAID AND NOTIFY APPLICANT

+ MARINE INSURANCE POLICY OR CERTIFICATE IN DUPLICATE, ENDORSED IN BLANK FOR 110% OF THE INVOICE VALUE. INSURANCE MUST INCLUDE : INSTITUTE CARGO CLAUSES : I.C.C.(A)

+ CERTIFICATE OF ORIGIN

47A Additional Conditions

ALL DOCUMENTS MUST BEAR OUR CREDIT NUMBER.

71B Charges : ALL BANKING COMMISSIONS AND CHARGES OUTSIDE USA ARE FOR ACCOUNT OF BENEFICIARY

49 Confirmation Instructions : WITHOUT

48 Period for Presentation : DOCUMENTS MUST BE PRESENTED WITHIN 14 DAYS AFTER THE DATE OF SHIPMENT BUT WITHIN THE VALIDITY OF CREDIT

78 Instructions to the Paying/Accepting/Negotiating Bank

DOCUMENTS TO BE FORWARDED TO US IN ONE LOT BY COURIER

신용장 전문 해석

① **40A form of documentary credit : IRREVOCABLE**

화환신용장의 형식: 취소불능임

② **20 documentary credit number: L12345678**

화환신용장번호: L12345678

③ **31C date of issue: 20/05/20**

신용장개설일자: 2020년 5월 20일

④ **40E applicable Rules: UCP LATEST VERSION**

적용규정: UCP 최신판

UCP란 Uniform Customs and Practice for Documentary Credit의 약자로서 신용장통일규칙이라고 부르며 ICC에서 제정한 신용장 해석에 관한 국제규칙이다. 신용장에서 요구하는 서류를 작성하는 수출자에게 서류작성에 따르는 지침을 제시하고 서류를 심사하는 은행에게 서류의 적격 여부를 판단하는 지침을 제시하는 지침서라고 할 수 있다. 신용장통일규칙 전문을 마스터할 필요는 없으나 신용장업무를 수행해나가는 과정에서 애매한 부분이 있으면 신용장통일규칙에서 확인해보는 것이 좋다.

⑤ **31D date and place of expiry: 20/06/30 SEOUL**

신용장의 유효기일 및 장소: 2020년 6월 30일, 서울

⑥ 50 applicant: HAPPY CORPORATION

　개설신청인: HAPPY CORPORATION

⑦ 59 beneficiary: SMILE CORPORATION

　수익자: SMILE CORPORATION

⑧ 32B currency code and amount: USD21,840.00

　신용장금액 및 통화단위: 미화 21,840달러

⑨ 41D available with by name, address: ANY BANK BY NEGOTIATION

　대급지급방식: 아무 은행에서나 매입할 수 있음

⑩ 42C drafts at: SIGHT

　환어음의 결제기일: 일람불

환어음(draft, bill of exchange)이란 채권자가 채무자에게 어음에 기재된 금액을 일정한 기일에 어음상의 권리자(지명인 또는 소지인)에게 지급할 것을 위탁하는 증권을 뜻한다.

화환어음(documentary bill of exchange)이란 환어음에 화물이 실렸다는 증거인 운송서류(B/L 또는 AWB)를 첨부하여 제출하는 어음을 뜻하며, 화환신용장(documentary credit)이란 화환어음을 요구하는 신용장을 뜻한다.

환어음은 결제방식이 신용장방식이거나 추심방식일 경우에 발행되며, 송금방식으로 대금을 결제할 경우에는 통상 환어음을 발행하지 않는다.

일반적인 무역거래에서 주로 사용되는 매입신용장의 경우 채권자인 수출자가 채무자인개설은행 앞으로 발행하며 환어음에 기재된 신용장금액을 매입은행에게 지급하라는 내용으로 작성한다.

⑪ **42A** drawee: NEW YORK BANK

환어음의 지급인: 뉴욕은행

⑫ **43P** partial shipment: ALLOWED

분할선적: 허용함

분할선적이란 계약된 물건을 한 번에 싣는 것이 아니라 두 차례 이상 나누어 싣는 것을 뜻한다.

⑬ **43T** transshipment: NOT ALLOWED

환적: 허용하지 않음

환적이란 중간 기착지에서 다른 선박에 옮겨 싣는 것을 뜻한다.

⑭ **44A** on board/dispatch/taking charge: BUSAN, KOREA

선적지: 부산

⑮ **44B** for transportation to: NEW YORK, USA

도착지: 뉴욕

⑯ **44C** latest date of shipment: 20/06/20

최종선적기일: 2020년 6월 20일

⑰ **45A** description of goods and/or services: 1,700PCS OF SPORTSACCESSORIES. DETAILS ARE AS PER THE PROFORMA INVOICE NO SPI-0505 ISSUED BY BENEFICIARY

상품 및 서비스의 명세: 스포츠액세서리 1,700개. 자세한 내역은 수익자가 발행한 견적송장 SPI-0505에 따름

⑱ **46A** documents required:

+ SIGNED COMMERCIAL INVOICE IN QUINTUPLICATE

+ PACKING LIST IN TRIPLICATE

+ FULL SET OF CLEAN ON BOARD OCEAN BILL OF LADING MADE OUT TO THE ORDER OF NEW YORK BANK MARKED FREIGHT PREPAID AND NOTIFY APPLICANT

+ MARINE INSURANCE POLICY OR CERTIFICATE IN DUPLICATE, ENDORSED IN BLANK FOR 110% OF THE INVOICE VALUE. INSURANCE MUST INCLUDE: INSTITUTE CARGO CLAUSES: I.C.C.(A)

+ CERTIFICATE OF ORIGIN

요구서류:

+ 서명된 상업송장 5부

+ 포장명세서 3부

+ 운임선지급이라고 표시되고, 개설신청인을 통지인으로 하며,
  뉴욕은행의 지시식으로 작성된 무고장 본선적재 해양선하증권
  전통

+ 상업송장 금액의 110%가 부보된 백지이서방식의 보험증권 또
  는 보험증명서 2통
  보험은 협회적하약관 ICC(A)를 포함해야 함

+ 원산지증명서

⑲ **47A** additional conditions: ALL DOCUMENTS MUST BEAR OUR
CREDIT NUMBER

추가조건: 모든 선적서류에는 신용장번호가 표시되어야 함

⑳ **71B** charges: ALL BAKING COMMISSIONS AND CHARGES
OUTSIDE USA ARE FOR ACCOUNT OF BENEFICIARY

수수료: 미국 밖에서 발생하는 모든 수수료는 수익자가 부담함

㉑ **49** confirmation instruction: WITHOUT

확인지시: 확인하지 않음

㉒ **48** period for presentation: DOCUMENTS MUST BE PRESENTED
WITHIN 14DAYS AFTER THE DATE OF SHIPMENT BUT WITHIN
THE VALIDITY OF CREDIT
서류제출시한: 선적서류는 신용장의 유효기일 내에서 선적일로부
터 14일 이내에 제출해야 함

㉓ **78** instructions to the pay/acc/nego bk: DOCUMENTS TO BE
FORWARDED TO US IN ONE LOT BY COURIER
지급/인수/매입은행에 대한 지시: 선적서류는 하나의 봉투에 넣어
서 국제특송편으로 개설은행에 보내야 함

일반적으로 처음 거래를 시작할 때는 사전송금방식이나 신용장방
식을 사용하다가 어느 정도 신뢰가 쌓이고 나면 수입자 쪽의 요구에
따라 사후송금방식으로 바뀌게 된다. 사후송금방식의 경우 수출자로
서는 수출대금을 떼일 가능성이 상존하므로 수출보험에 가입하는 등
리스크관리에 만전을 기해야 한다.

추심방식

일반적인 무역거래는 대부분 송금 또는 신용장방식으로 거래가 이루어지지만 간혹 추심방식의 거래를 요구하는 거래처도 있다. 추심방식이란 은행에서 책임을 지지 않고 수입자에게 선적서류를 전달하고 수출대금을 수취해서 수출자에게 전달해주는 역할만 맡는 방식으로서 대금을 지급하는 시기에 따라서 D/P와 D/A로 나누어진다.

D/P란 Documents against Payment의 약자로서 수입자가 은행에 물품대금을 지급하고 선적서류를 인도받는 방식을 뜻한다. 수입자가 물품대금을 지급하지 않으면 선적서류를 받을 수 없고 선적서류가 없으면 물품을 찾을 수 없기 때문에 수출자는 최악의 경우 물품대금을 못 받더라도 물품은 확보함으로써 손해를 최소화할 수 있다.

D/A란 Documents against Acceptance의 약자로서 수입자가 은행에 일정 기간 후에 대금을 지급하겠다는 약속을 하고 선적서류를 인도받는 방식을 뜻한다.

D/A방식의 거래에서 대금의 결제시기는 수출자와 수입사가 별도로 합의한다. 예를 들어 D/A 90 days from B/L date라고 하면 B/L 발

행일로부터 90일 후에 물품대금을 지급한다는 뜻이다.

D/A방식의 거래에서 수입자가 약속한 날짜에 대금을 지급하지 않으면 수출자는 수출대금을 떼이게 되므로 수입자의 신용이 확실한 경우에만 사용할 수 있다.

국제팩토링과 포페이팅

≫ 국제팩토링(International Factoring)

　Factoring이란 외상채권을 매입한다는 뜻이며, 국제팩토링은 무신용장방식으로 수출한 외상수출채권을 수출국팩토링회사(Export Factor)에 양도하고 수출대금을 지급받는 방식이다.

　수출국팩토링회사는 수입국팩토링회사(Import Factor)의 보증(신용승인, Credit Approval)을 근거로 수출자에게 수출대금을 지급한다.

　수출자는 수출국팩토링회사에 외상수출채권을 양도함으로써 외상수출로 인한 대금회수 불안으로부터 벗어날 수 있으나 물품의 하자가 있을 경우 물품대금의 지급을 거절당할 수 있다. 수입자의 입장에서는 외상수입이 가능하고 수입대금을 결제하기 전에 물품의 품질을 확인할 수 있다.

» 포페이팅(forfaiting)

포페이팅은 현금을 대가로 외상채권을 포기 또는 양도한다는 뜻이며, 수출자가 무역거래에서 발생하는 장기외상채권을 포페이터(forfaitor)에게 할인양도하는 방식으로서 대금결제방식이라기보다는 금융기법의 일종이라고 볼 수 있다.

포페이터는 신용장 또는 보증은행(수입자의 거래은행)에서 발행하는 지급보증서나 보증(Aval)을 근거로 해당 외상채권을 매입한 후 채권만기에 원리금을 지급받는다.

포페이터는 수출자에게 무소구권(상환청구권을 행사하지 않는) 조건으로 외상채권을 매입하며 수출자에 대한 소구권(상환청구권)이 무소구권으로 전환되는 시점은 선적서류를 접수한 신용장개설은행이 선적서류에 대한 인수의사를 통보하는 시점이다.

국제팩토링은 결제기간이 1년 이내이고 거래금액이 30만 달러 미만인 소액 거래에서 주로 사용되며, 포페이팅은 결제기간이 1년 이상이고 거래금액이 100만 달러 이상의 자본재거래에서 주로 사용된다. 두 가지 방식 모두 수출입은행 및 일부 외국계 은행에서만 제한적으로 운영되고 있어서 활용 폭이 크지 않다.

일반적인 무역거래는 대부분 송금 또는 신용장방식으로 이루어진다. 신용장방식의 비중은 점차 낮아지고 있으나 신용이 확인되지 않은 신규거래처나 개발도상국과의 거래에서는 아직도 유효한 방식이다. 추심방식은 신용도가 높은 고정거래처와의 거래에서 부분적으로 사용되고 있으며, 국제팩토링이나 포페이팅방식은 극히 제한적으로 사용되고 있다.

무역거래에서 가장 많이 사용하는 송금방식으로 물품대금을 주고받는 것은 국내에서 계좌이체방식으로 돈을 주고받는 것과 큰 차이가 없다.

신용장방식에 대해서는 이론적으로는 배울 내용이 많으나 대부분의 일반적인 무역거래에서는 irrevocable documentary at sight(또는 usance) negotiation L/C가 사용되며, 신용장의 항목별 내역을 이해할 수 있는 정도면 신용장업무를 처리하는 데 큰 문제가 없다.

대금결제와 관련하여 수출자는 수입자 또는 은행에서 요구하는 서류를 제공할 의무가 있다. 수출자가 물건을 선적하고 수입자 또는 은행에 보내주어야 하는 서류를 선적서류라고 하며 commercial invoice, packing list, bill of lading과 같은 필수서류와 insurance policy, certificate of origin과 같이 거래조건이나 바이어의 요구에 따라 추가로 준비해야 할 서류가 있다.

수출자의 입장에서 보면 결제방식의 구체적인 내용을 이해하는 것 못지않게 중요한 것이 미수금이 발생하지 않도록 사전에 예방하고 미수금 발생 시 손해를 보상받을 수 있는 방안을 수립해두는 것이다. 신규거래처에 대한 신용조사는 KOTRA에서 제공하는 해외수입업체 연락처 확인서비스나 한국무역보험공사에서 제공하는 국외기업신용조사서비스 등을 통해서할 수 있으며, 미수금 발생 시 손해를 보상해주는 수출보험에 가입함으로써 미수금 발생에 대한 걱정에서 해방될 수 있다.

Chapter 5
계약절차

무역계약 절차

계약이란 바이어와 셀러가 모든 계약조건에 합의하는 것이다. 계약을 하기 위해서는 우선 상담과정을 거쳐야 한다. 상담은 바이어와 셀러가 계약조건을 협의하는 것으로서 구두 또는 서면으로 이루어진다. 가장 일반적인 방법은 이메일을 통해서 상담을 진행하는 것이다.

상담과정에서 셀러 또는 바이어가 offer sheet를 발행하기도 하나, 필수적인 절차는 아니다. offer sheet에 명시한 유효기일(validity) 안에 상대방이 승낙의 의사를 표시하면 offer sheet를 발행한 셀러 또는 바이어는 offer sheet에 명기한 조건대로 계약을 이행할 의무가 있다.

offer sheet를 접수한 측에서 offer sheet에 명시된 계약조건을 수락한다는 의미로 offer sheet에 서명해서 보내거나, 서명을 하지 않더라도 offer sheet에 명시된 계약조건을 이행하면 offer sheet에 명시된 계약조건대로 계약이 체결된 것으로 간주한다.

offer sheet의 발행을 생략하고 상담을 마무리 지은 뒤 합의된 계약조건을 문서로 담아 교환할 수도 있다. 이때 셀러가 작성하는 서식의 타이틀은 proforma invoice, sales note, order confirmation, order acknowledgement 등이라고 붙이고, 바이어가 작성하는 서식의 명칭은 purchase order, order sheet, purchase note 등이라고 붙인다.

셀러 또는 바이어가 상기한 바와 같은 계약서식을 작성하여 상대방에게 보내면 해당 서식을 접수한 측에서 서명해서 보내거나, 서명을 하지 않더라도 서식에 기재된 계약조건을 이행하면 서식에 명시된 계약조건대로 계약이 체결된 것으로 간주한다. 예를 들어 수출자가 발행한 proforma invoice를 접수한 바이어가 proforma invoice에 명시한 대로 대금을 송금하거나 신용장을 개설하면 별도의 의사표시가 없더라도 셀러가 제시한 계약조건을 수락한 것으로 간주하여 계약이 성립된다.

거래규모가 크거나 장기간에 걸쳐서 지속적으로 거래가 이루어질 경우에는 앞서 언급한 proforma invoice나 purchase order와는 별도로 구체적인 계약조건을 명시해서 sales agreement, sales contract 또는 general terms and conditions라는 타이틀로 발행한다.

무역계약서식

무역계약은 특정한 형식이나 양식을 요구하지 않는 불요식계약이다. 형식이 필요치 않다는 것은 계약서를 작성하지 않더라도 계약이 성립한다는 뜻이다. 즉 무역계약은 계약서 작성 여부와 상관없이 바이어와 셀러 간에 모든 계약조건에 합의하기만 하면 성립되는 것이다.

다만 계약서가 없으면 은행이나 관련 기관에서 계약서류 제출을 요구할 때나 분쟁발생 시 처리하기가 곤란하므로 어떤 형태로든 합의된 계약조건이 명시된 계약서를 작성해두는 것이 바람직하다. 이때 작성하는 계약서는 정해진 양식이 있는 것이 아니라 바이어와 셀러의 합의에 따라 다양한 내용이나 조건을 포함시킬 수도 있고 약식으로 작성할 수도 있다.

일반적인 무역거래에서 작성하는 계약서식은 다음과 같다.

① offer sheet
셀러 또는 바이어가 자신이 거래하고자 하는 계약조건을 명시하여

발행하는 서식

② proforma invoice

셀러가 최종적으로 확정된 계약조건을 명시하여 발행하는 서식. sales note, order confirmation, order acknowledgement 등의 타이틀로도 발행한다.

③ purchase order

바이어가 최종적으로 확정된 오더의 내역 및 계약조건을 명시하여 발행하는 서식. order sheet, purchase note 등의 타이틀로도 발행한다.

④ sales agreement

거래규모가 크거나 장기계약인 경우 구체적인 계약조항을 망라하여 작성하는 서식. sales contract, general terms and conditions 등의 타이틀로도 발행한다.

계약서식의 타이틀이나 내용은 발행자에 따라서 달라질 수 있으며, 통상적으로 proforma invoice와 purchase order 중에서 하나를 발행하거나 두 가지 서류를 교환하기도 한다. 또한 거래규모가 큰 경우에는 처음 거래를 시작한 때 sales agreement를 작성하고 거래건별로 별도의 proforma invoice 또는 purchase order를 발행한다.

　　무역계약을 어떤 식으로 체결하고 계약서식을 어떤 내용으로 누가 작성하는지에 대해서는 정해진 절차나 규정이 없다. 구두상으로만 계약조건에 합의하고 거래를 진행하는 경우도 있고 방대한 분량의 계약서를 작성하는 경우도 있다. 계약서 양식이나 제목도 정해진 것이 없어서 회사마다 사용하는 양식이나 제목이 다를 수 있다. 이 책에 소개된 계약서 양식도 하나의 샘플에 불과하며 품목이나 거래내용에 따라서 세부조항의 내용은 얼마든지 바뀔 수 있다. 따라서 무역계약을 이론적으로 접근하기보다는 기본적인 내용만 이해하고 구체적인 계약절차나 계약서 양식 등에 대해서는 실무를 하면서 확인하는 것이 바람직하다.

SMILE CORPORATION

① *Manufacturers, Expoters & Importers*

123, SAMSUNG-DONG, KANGNAM-KU, SEOUL, KOREA

TEL : (02) 555-1122 FAX : (02) 555-1133

OFFER SHEET

② Messrs. HAPPY CORPORATION

③ Invoice No. SO-0505

④ Date. May 5, 2020

Gentleman :

⑤ We are pleased to offer you the following :

⑥ Origin : REPUBLIC OF KOREA

⑦ Shipment : WITHIN ONE MONTH AFTER RECEIPT OF YOUR L/C.

⑧ Shipping Port : BUSAN, KOREA

⑨ Payment Terms : BY AN IRREVOCABLE AT SIGHT L/C TO BE OPENED IN OUR FAVOR.

⑩ Validity of Offer : MAY 20, 2020

⑪ Description	⑫ Quantity	⑬ Unit Price	⑭ Amount
		⑮ CIF NEW YORK	
SPORTS ACCESSORIES			
K-001	1,000 PCS	US$10.50	US$10,500.00
K-002	500 PCS	US$15.40	US$7,700.00
K-003	200 PCS	US$18.20	US$3,640.00
TOTAL :	1,700 PCS		US$21,840.00
*******************	**************	**************	**************

Very truly yours,

⑯ Accepted by :

Date of acceptance

⑰ SMILE CORPORATION

SMILE CORPORATION

① *Manufacturers, Expoters & Importers*

123, SAMSUNG-DONG, KANGNAM-KU, SEOUL, KOREA

TEL : (02) 555-1122 FAX : (02) 555-1133

PROFORMA INVOICE

② Messrs. HAPPY CORPORATION

③ Invoice No. SPI-0505

④ Date. May 5, 2020

⑤ Description	⑥ Quantity	⑦ Unit Price	⑧ Amount
		⑨ CIF NEW YORK	
SPORTS ACCESSORIES			
K-001	1,000 PCS	US$10.50	US$10,500.00
K-002	500 PCS	US$15.40	US$7,700.00
K-003	200 PCS	US$18.20	US$3,640.00
TOTAL :	1,700 PCS		US$21,840.00
*********************	***************	***************	***************

⑩ Packing : EXPORT STANDARD PACKING

⑪ Shipping Port : BUSAN, KOREA

⑫ Destination : NEW YORK

⑬ Shipment : WITHIN ONE MONTH AFTER RECEIPT OF YOUR L/C

⑭ Payment : BY AN IRREVOCABLE L/C AT SIGHT TO BE OPENED IN OUR FAVOR

Very truly yours,

⑮ SMILE CORPORATION

82

① HAPPY CORPORATION
111, HAPPY ROAD, NEW YORK, USA
TEL. 123-456-789 FAX. 123-456-790

PURCHASE ORDER

② Messrs.
  Smile Corporation.
  123, Samsung-Dong,
  Kangnam-Ku
  Seoul, Korea

③ Your Ref _____
④ Our Ref   Happy-0512
⑤ Date & Place   May 14, 2020

⑥ Dear Sirs.
  We Happy Corporation., as Buyer, hereby confirm our purchase of the following goods in accordance with the terms and conditions given below.

⑦ DESCRIPTION	SPORTS ACCESSORIES
	K-001 1,000 PCS
	K-002 500 PCS
	K-003 200 PCS

⑧ PACKING   EACH 50 PCS. TO BE PACKED INTO AN EXPORTABLE CARTON BOX.
EXPORT STANDARD PACKING

⑨ QUANTITY   1,700 PCS ONLY

⑩ PRICE   CIF NEW YORK IN U.S. DOLLARS.
K-001 @US$10.50/PCS
K-002 @US$15.40/PCS
K-003 @US$18.20/PCS

⑪ AMOUNT   TOTAL : US$21,840.00

⑫ INSURANCE   INSURANCE POLICY/CERTIFICATE BLANK ENDORSED FOR 110% OF C.I.F
VALUE WITH CLAIMS PAYABLE IN USA IN THE CURRENCY OF THE DRAFT
INSURANCE TO INCLUDE I.C.C.(A) WITH INSTITUTE WAR CLAUSES,
S.R.C.C CLAUSES.

⑬ PAYMENT   BY L/C AT SIGHT IN YOUR FAVOUR BY FULL CABLE.
ADVISING THROUGH SEOUL BANK, SEOUL, KOREA FROM
NEW YORK BANK, NEW YORK. (INTEREST IS FOR SELLER'S ACCOUNT.)

⑭ SHIPMENT   SHIPMENT SHOULD BE EFFECTED DIRECTLY FROM BUSAN, KOREA
TO NEW YORK WITHIN JUNE 20, 2020

⑮ MARKS & NO   TO BE MARKED ON BOTH SIDES OF EACH CARTON BOX AS FOLLOWS :
HAPPY CORP
NEW YORK
C/NO. 1-1/UP
ITEM NO :

SALES AGREEMENT

This agreement is made and entered into on the _____ day of
_____, 202_ by and between the Buyer ABC Inc., having
its office at _____ (hereinafter referred
to as "Buyer") and the Seller XYZ Corp., having its office at
_____ (hereinafter referred to as "Seller")

WITNESSETH

WHEREAS, the Buyer desires to purchase Products as defined
hereinafter (hereinafter called "Products") to sell or distribute them in
the Territory as defined hereinafter; and

WHEREAS, the Seller is willing to sell the Products to the Buyer
on the terms and conditions set forth below.

NOW, THEREFORE, in consideration of the mutual covenants
contained herein, the Parties hereto agree as follows:

1. DEFINITIONS

Whenever the following terms appear in this Agreement, they
shall have the respective meaning specified below unless the context
otherwise requires:

84

- "Products" shall mean _____ specified in Appendix A.
- "Territory" shall mean _____. Without prior written consent of the Seller, the Buyer shall not sell the Products to any other areas than Territory.

2. ORDERS

The Buyer shall place order for the Products with the Seller either by email or fax. The Buyer shall clearly and precisely describe the name of the Products, quantity required, specifications, delivery date and shipping instructions, payment method, instructions for packing, invoicing and shipping etc. and other necessary terms for the delivery of the Products.

Within 5(five) working days after receiving order, the Seller shall issue the proforma invoice to confirm the Buyer's order.

The order shall not be binding unless and until they are accepted by the Seller.

3. PAYMENT

Payment shall be made by an irrevocable L/C payable at sight. The Buyer shall apply for L/C within one week after receipt of proforma invoice issued by the Seller.

4. INSURANCE

In case of CIF or CIP basis, 110% of the invoice amount will be insured unless otherwise agreed.

5. PACKING

Packing shall be at the Seller's option. In case special instructions are necessary, the same should be intimated to the Seller in time so as to enable the Seller to comply with it.

6. INSPECTION

With respect to the inspection of the Products at the point of delivery, inspection conducted by the Seller before shipment shall be final in all respects such as quantity, quality, etc.

Should the Buyer wishes to have the Products inspected by any specific inspector designated by the Buyer, all additional charges thereby incurred shall be borne by the Buyer.

7. DELIVERY AND SHIPMENT

The Seller shall deliver the Products on board the vessel at the port of shipment on scheduled date and the Buyer shall bear all risks of or damages to the Products from the time they have been on board the vessel at the port of shipment.

The date of Bill of Lading shall be accepted as a conclusive date of shipment.

Partial shipment and transshipment shall be permitted unless otherwise agreed between the Parties.

Right after the shipment, the Seller shall notify the following information in writing to the Buyer.

- Vessel Name
- Estimated Time of Departure
- Estimated Time of Arrival

8. PATENTS, TRADE MARKS, DESIGNS ETC.

The Seller shall not be responsible for any infringement with regard to patent rights, utility model rights, trademarks, commercial designs or copyrights originated or chosen by the Buyer.

9. WARRANTY

The Seller warrants that the Products will be free from defects in material and workmanship for _____( ) months from the date of shipment.

The extent of the Seller's liability under this warranty shall be limited to the repair or replacement as herein provided of any defective products. Provided, however, this warranty does not extend to any of the said products which have been:

- misused, neglected, or abused
- improperly repaired, altered or modified in any way, or
- used in violation of instructions furnished by the Seller

In no event, the Seller shall be liable to the Buyer for any lost profit or for indirect, incidental or consequential damages for any reason.

10. CLAIMS

Any claims from the Buyer much reach the Seller within thirty(30) days after the arrival of the goods at the port of destination. The goods on which the Buyer is lodging a claim must be retained intact for inspection by authorized surveyors and must not be repaired or resold until such inspection had been completed.

11. FORCE MAJEURE

Neither party shall be liable for non-performance (either in whole or in part) or delay in performance of the terms and conditions of this Agreement due to war, terror, riot, labor disturbances, epidemics, fire, typhoon, flood, earthquakes or any other cause beyond the control of the Parties hereto. In case of such event, the terms of this agreement relating to time and performance shall be suspended during the continuance of the event.

The affected party shall notify the other party of such event within ____( ) days after the commencement of such event and use its best efforts to avoid or remove such causes.

However, if the performance of this Agreement is suspended for a period of ____( ) days, either party may terminate this Agreement by at least ____( ) days notice in writing to that effect.

12. CONFIDENTIALITY

Any data and/or information related to the Products and/or

information regarding technologies, know-how, trade secrets, marketing activities and the like, which are of confidential nature shall be kept strictly confidential.

13. ARBITRATION

All disputes, controversies and differences which may arise between the Parties hereto, out of or in relations to or in connection with this Agreement, or the breach thereof, shall be finally settled by Arbitration in Seoul, Korea in accordance with the commercial arbitration rules of the Korean Commercial Arbitration Board and under the laws of Korea. The awards rendered by the arbitration court shall be final and binding upon both parties.

14. TRADE TERMS

All trade terms used in this contract shall be interpreted in accordance with the latest Incoterms of the International Chamber of Commerce.

15. GOVERNING LAW

This Agreement shall be governed and construed in accordance with the Vienna Convention(1980) of the United Nations.

IN WITNESS WHEREOF, the parties have caused this Agreement to be executed on the date first written, and each party retains one signed original.

Buyer ABC Inc.   Seller XYZ Corp.

_____   _____

Name, Title   Name, Title

Chapter 6
수출물품의 확보

국내공급업체로부터
물품을 구입하는 경우

계약이 체결되고 수출자가 proforma invoice를 작성해서 수입자에게 보내주면 수입자는 합의된 결제방식에 따라 물품대금을 송금하거나 신용장을 개설한다. 대금이 입금되거나 신용장이 개설되면 수출자는 계약된 물품을 확보해서 보내주어야 한다.

수출물품을 확보할 때 자사제품의 경우에는 문제가 없으나 국내에서 타사제품을 구입해서 수출할 경우 국내공급자와 수출자 간에는 대금결제방식 및 시기를 놓고 수출자와 해외수입자 간에 벌어졌던 것과 같은 유사한 상황이 벌어진다. 즉 국내공급자는 물품대금을 먼저 지급받기를 원하고, 수출자는 물품을 먼저 공급받기를 원하므로 결제방식에 합의하기가 쉽지 않다.

이와 같은 문제를 해결하기 위해서 사용하는 것이 내국신용장(local L/C)이다. 내국신용장방식에 의한 업무절차는 해외거래처 간에 사용하는 원신용장(master L/C)과 크게 다르지 않다. 즉 수출자의 요청에 따라 수출자의 거래은행에서 내국신용장을 발행하고, 국내공급자는 내국신용장에 의해 수출자에게 물건을 인도한 후 수출자로부터 물품수령증명서(인수증)를 발급받아서 은행에 제출하고 물품대금을 지급받는다.

국내공급자의 입장에서 보면 내국신용장의 발행은행으로부터 대금지급을 확약받는 것 외에도 수출실적을 인정받을 수 있고, 영세율 적용, 관세환급 등의 혜택을 누릴 수 있으므로 수출자에게 물건을 공급할 때 내국신용장의 발행을 요구하게 된다.

한편 수출자가 내국신용장을 발행받기 위해서는 거래은행과 별도의 약정을 맺고 개설한도를 부여받아야 한다. 내국신용장 발행이 여의치 않은 경우 수출자는 거래은행으로부터 구매확인서를 발급받아서 국내공급자에게 제공해야 한다.

구매확인서란 수출자의 거래은행에서 수출자가 국내공급자로부터 구매한 물품이 수출용으로 구매한 것이라는 사실을 확인해주는 서식으로써 국내공급자가 수출실적 인정, 영세율 적용, 관세환급 등 수출에 따르는 혜택을 받는 데 근거서류로 사용할 수 있다. 다만 내국신용장처럼 발행은행에서 대금지급을 확약해주지는 않으므로 물품대금의 결제는 수출자와 국내공급자 간에 별도로 합의한 방식에 따라 이루어져야 한다.

결론적으로 국내에서 타사제품을 구입해서 수출하는 경우에는 거래은행으로부터 내국신용장 또는 구매확인서를 발급받아서 국내공급자에게 제공해야 한다.

해외공급업체로부터
물품을 구입하는 경우

해외공급업체로부터 물품을 구입해서 제3국으로 수출하는 중계무역의 경우에는 다음과 같은 방식으로 물품을 확보할 수 있다.

›› Back to Back L/C를 활용하는 방식

최종수입자가 개설한 L/C를 근거로 해외공급자를 수혜자로 하는 back to back L/C(흔히 sub L/C 또는 baby L/C라고 부름)를 개설하여 물품을 공급받는다.

›› 양도가능신용장(transferable L/C)을 활용하는 방식

최종수입자로 하여금 양도가능신용장을 개설하도록 한 후 신용장의 금액, 최종선적기일, 유효기일 등을 변경하여 해외공급업체에 양도한다. 이와 같은 방식을 조건변경부 국외양도라고 하며, 신용장을 양도한 중계무역상이 제1수익자가 되고, 신용장을 양도받은 해외공급업체가 제2수익자가 된다.

해외공급업체는 물품을 선적하고 자신의 거래은행을 통해서 제1수익자의 거래은행(양도은행)으로 서류를 보내고, 제1수익자는 해외수입업체가 개설한 신용장의 조건에 맞추어 선적서류를 수정, 보완하여 네고함으로써 양도차익을 얻을 수 있다.

상업송장과 포장명세서

수출자는 수출물품이 확보되면 commercial invoice와 packing list 를 작성해야 한다. commercial invoice는 상업송장이라고 부르며 물품명세서와 대금청구서의 역할을 하는 서식이고, packing list는 포장명세서라고 부르며 물건의 포장상태 및 중량, 부피 등을 나타내는 서식으로서 다음과 같이 작성한다.

≫ 상업송장(commercial invoice) 작성요령

① **Seller/Exporter:** 수출자의 상호 및 주소를 기재한다.

② **Buyer/Applicant:** 수입자의 상호 및 주소를 기재한다.

③ **Notify:** 물품이 수입국에 도착했을 때 선박회사로부터 연락을 받을 통지처를 일컬으며 주로 수입자의 상호 및 주소를 기재한다.

COMMERCIAL INVOICE

① Seller/Exporter	⑧ No. and date of invoice
SMILE CORPORATION 123, SAMSUNG-DONG, KANGNAM-KU, SEOUL, KOREA	SCI-0609 JUNE 9, 2020
	⑨ No. and date of L/C L12345678 MAY 20, 2020
② Buyer/Applicant HAPPY CORPORATION 111, HAPPY ROAD NEW YORK, USA	⑩ L/C issuing bank NEW YORK BANK 2007, WALL STREET, NEW YORK, USA
③ Notify party SAME AS ABOVE	⑪ Remarks : COUNTRY OF ORIGIN REPUBLIC OF KOREA

④ Port of Loading BUSAN, KOREA	⑤ Final Destination NEW YORK, USA	
⑥ Carrier OCEAN GLORY	⑦ Sailing on or about June 10, 2020	

⑫ Marks and numbers of pkgs	⑬ Description of goods	⑭ Quantity/Unit	⑮ Unit-price	⑯ Amount
HAPPY CORP	SPORTS ACCESSORIES		CIF NEW YORK	
NEW YORK	K-001	1,000 PCS	US$10.50	US$10,500.00
C/NO. 1-34	K-002	500 PCS	US$15.40	US$7,700.00
ITEM NO :	K-003	200 PCS	US$18.20	US$3,640.00
	TOTAL	1,700 PCS		US$21,840.00

Signed by
⑰

④ **Port of Loading:** 선적항을 기재한다.

⑤ **Final Destination:** 최종목적지를 기재한다.

⑥ **Carrier:** 선박명을 기재한다.

⑦ **Sailing on or about:** 예상출항일을 기재한다.

⑧ **No and date of invoice:** Invoice No와 Date를 기재한다. Invoice No는 임의로 기재하고 Date는 Invoice를 발행하는 일자를 표기한다.

⑨ **No and date of L/C:** L/C 번호 및 개설일자를 기재한다.

⑩ **L/C issuing bank:** L/C 개설은행명을 기재한다.

⑪ **Remarks:** 비고란으로서 원산지 등을 기재한다.

⑫ **Marks and number of pkgs:** shipping mark를 표시한다.

⑬ **Description of goods:** 물품명세를 기재한다.

⑭ **Quantity/Unit:** 물품의 수량 및 단위를 기재한다.

⑮ **Unit Price:** 물품의 단가를 기재한다.

⑯ **Amount:** 물품의 수량에 단가를 곱한 총금액을 기재한다.

PACKING LIST

① Seller/Exporter	⑧ No. and date of invoice
SMILE CORPORATION 123, SAMSUNG-DONG, KANGNAM-KU, SEOUL, KOREA	SCI-0609 JUNE 9, 2020

⑨ Remarks :
COUNTRY OF ORIGIN
REPUBLIC OF KOREA

② Buyer/Applicant
HAPPY CORPORATION
111, HAPPY ROAD
NEW YORK, USA

③ Notify party
SAME AS ABOVE

④ Port of Loading	⑤ Final Destination
BUSAN, KOREA	NEW YORK, USA

⑥ Carrier	⑦ Sailing on or about
OCEAN GLORY	June 10, 2020

⑩ Marks and numbers of pkgs	⑪ Description of goods	⑫ Quantity	⑬ Net Weight	⑭ Gross Weight	⑮ Measurement
HAPPY CORP NEW YORK C/NO. 1-34 ITEM NO :	SPORTS ACCESSORIES C/NO 1-20 K-001 C/NO 21-30 K-002 C/NO 31-34 K-003	1,700 PCS	2,945 KGS	3,208 KGS	24.532CBM

Signed by
⑯

102

» 포장명세서(Packing List) 작성요령

① **Seller/Exporter:** 수출자의 상호 및 주소를 기재한다.

② **Buyer/Applicant:** 수입자의 상호 및 주소를 기재한다.

③ **Notify:** 물품이 수입국에 도착했을 때 선박회사로부터 연락을 받을 통지처를 일컬으며 주로 수입자의 상호 및 주소를 기재한다.

④ **Port of Loading:** 선적항을 기재한다.

⑤ **Final Destination:** 최종목적지를 기재한다.

⑥ **Carrier:** 선박명을 기재한다.

⑦ **Sailing on or about:** 예상출항일을 기재한다.

⑧ **No and date of invoice:** Invoice No와 Date를 기재한다. Invoice No는 임의로 기재하고 Date는 Invoice를 발행하는 일자를 표기한다.

⑨ **Remarks:** 비고란으로서 원산지 등을 기재한다.

⑩ **Marks and number of pkgs:** shipping mark를 표시한다.

⑪ **Description of goods:** 물품명세 및 포장박스별 물품내역을 기재한다.

⑫ **Quantity:** 수량을 기재한다.

⑬ **Net Weight:** 물품만의 순중량을 기재한다.

⑭ **Gross Weight:** 물품 및 포장재 무게를 합한 총중량을 기재한다.

⑮ **Measurement:** 물품의 부피를 기재한다.

　국내공급업체로부터 물품을 구입해서 수출할 때는 국내공급업체가 수출에 따른 다양한 혜택을 부여받을 수 있도록 내국신용장 또는 구매확인서를 발급해주어야 한다. 내국신용장과 구매확인서는 전자무역포털사이트인 uTradeHub(www.utradehub.or.kr)에서 발급받을 수 있다.

　해외공급업체로부터 물품을 구입해서 제3국으로 수출하는 중계무역의 경우에는 back to back L/C 또는 양도가능신용장(transferable L/C)을 통해서 물품대금을 결제한다. 최종수입자에게 해외공급업체의 정보가 노출되는 것을 원하지 않을 때는 해외공급업체가 shipper로 명시된 B/L을 선사에 반납하고 중계무역상을 shipper로 명시한 새로운 B/L을 발급받는 switch B/L 방식을 활용한다.

　상업송장과 포장명세서는 정해진 양식이 없으며 회사에 따라서는 앞서 소개한 양식과 다른 양식을 사용하기도 한다. 따라서 앞서 소개한 서식샘플을 통해서 해당 서식의 기재항목을 개략적으로 이해하고 실제 서식은 각자 회사에서 사용하는 양식대로 작성하면 된다.

Chapter 7
운송

운송형태

》해상운송

해상운송이란 선박을 이용하여 해상으로 물품을 운송하는 것으로서 육상운송이나 항공운송에 비해 대량운송이 가능하고 운송비가 저렴하다는 장점이 있으나 운송시간이 많이 걸린다는 단점이 있다.

》항공운송

항공운송은 항공기를 이용하여 물품을 운송하는 것으로서 다른 운송방식에 비해 신속한 운송이 가능하다는 장점이 있으나 운송비가 상대적으로 비싸서 긴급을 요하거나 고가품인 경우에만 제한적으로 사용된다.

>> 육상운송

육상운송은 트레일러, 트럭, 기차 등을 통해서 수출자의 공장에서 항구나 공항까지 또는 항구나 공항에서 수입자의 창고까지의 육상구간에서 이루어지는 운송으로서 내륙운송이라고도 부른다.

>> 복합운송

복합운송(multimodal transport or combined transport)이란 하나의 운송계약에 의거 서로 다른 두 가지 이상의 운송수단을 사용하여 화물을 목적지까지 운반하는 것을 뜻한다. 복합운송계약에 의거 전 계약구간의 복합운송을 총괄하는 자를 복합운송인이라고 한다.

국제복합운송 경로로는 북미서안을 경유해서 북미동안이나 유럽 주요도시까지 운송하는 북미서안경유 SEA/AIR, 러시아경유 SEA/AIR, 동남아시아경유 SEA/AIR와 같은 Sea & Air 방식의 루트와 대륙횡단 열차를 활용하는 Sea-Land-Sea 방식이 있다.

Sea-Land-Sea 방식을 Land Bridge 방식이라고 부르며, 미국동안의 최종목적지까지 물품을 운송하는 데 사용하는 Mini Land Bridge(MLB)와 러시아를 경유하는 Siberian Land Bridge(SLB) 등이 이 방식에 속한다.

운송수단

》 선박

무역운송의 가장 큰 비중을 차지하는 해상운송의 수단인 선박은 다음과 같이 분류할 수 있다.

① 정기선

정기선(liner)은 고정된 항로 및 운항스케줄에 따라 특정 항만을 규칙적으로 왕복 운항하는 선박을 뜻하며, 여객이나 우편물, 공업제품을 수송대상으로 하고, 사전에 고시된 운임률표에 따라 운임을 부과한다.

② 부정기선

부정기선(tamper)은 고정된 항로가 없이 부정기적으로 운항하는 선박을 뜻하며, 주로 곡물이나 광물과 같은 대량화물을 수송대상으로 하고, 운임은 운송계약 체결 당시의 수요와 공급에 따라 결정된다.

③ 특수전용선

특수한 화물을 운송할 수 있도록 특수시설이 갖추어진 선박을 뜻하며, 냉동선, 유조선, 광석전용선, 목재전용선, 자동차전용선 등이 있다.

》 컨테이너

컨테이너(container)는 화물을 보다 능률적이고 경제적이며 안전하게 운송하기 위한 용기다. 컨테이너는 크기에 따라 20피트 컨테이너(길이 5.898m × 폭 2.348m × 높이 2.376m)와 40피트 컨테이너(길이 12.031m × 폭 2.348m × 높이 2.376m)로 나누어지며, 컨테이너의 대형화에 따라 45피트 점보컨테이너와 High Cubic 컨테이너의 사용도 늘어나고 있다.

또한 용도에 따라 일반화물을 적재하는 드라이컨테이너(Dry Cargo Container), 농산물이나 축산물같이 보온 또는 보냉운송이 필요한 화물을 적재하는 냉동컨테이너(Refrigerated Container, Reefer Container), 지붕이 개방된 오픈탑컨테이너(Open Top Container), 액체상태의 식품이나 화학제품을 적재하는 탱크컨테이너(Tank Container), 살아있는 동물을 수송하는 데 사용하는 라이브스탁컨테이너(Live Stock Container) 등이 있다.

컨테이너와 관련된 주요 용어는 다음과 같다.

① FCL과 LCL

FCL은 Full Container Load의 약자로 단독으로 1대 이상의 컨테이너를 채울 수 있는 양의 화물을 뜻하고, LCL은 Less than Container Load의 약자로 단독으로 컨테이너를 채울 수 없는 소량화물을 뜻한다.

FCL이냐 LCL이냐에 따라 운임의 계산방법이 달라진다. 즉 FCL의 경우에는 화물의 양과 상관없이 컨테이너 한 대당 운임이 부과되고, LCL의 경우에는 CBM당 운임이 부과된다.

② CBM

CBM이란 Cubic Meter의 약자로서 부피의 단위이며, 가로, 세로, 높이가 각각 1m일 때의 부피를 1CBM이라고 한다. 수출화물의 CBM을 계산하기 위해서는 우선 화물을 포장한 카튼박스의 규격(가로·세로·높이)을 곱해서 박스 하나의 CBM을 구한 다음 총박스 수를 곱하면 된다.

예를 들어 가로·세로·높이가 각각 50cm, 60cm, 100cm인 박스 10개에 포장된 물건을 수출한다고 하면, 박스 하나의 CBM은 0.5 × 0.6 × 1= 0.3CBM이고, 전체 화물의 CBM은 0.3 × 10 = 3CBM이 된다.

이론적으로 20피트 컨테이너의 최대적재용량은 33.2CBM이고 40피트 컨테이너의 최대적재용량은 67.11CBM이나, 선적과정에서 발생하는 공간을 감안하여 평균적으로 20피트 컨테이너에는 25CBM, 40피트 컨테이너에는 55CBM 정도를 적재한다.

따라서 수출화물의 총 CBM을 계산해서 25CBM에 근접하면 FCL로 처리하고, 25CBM에 크게 미치지 못하는 소량화물의 경우에는 LCL로 처리한다.

③ CT

CT는 Container Terminal의 약자로서 컨테이너 전용부두에 설치되어 있는 컨테이너 집결지를 뜻하며, 수출화물이 선적되기 전이나 수입화물이 하역되어 대기하는 장소이다.

④ CY

CY는 Container Yard의 약자이며 컨테이너터미널 내에 위치한 컨테이너야적장으로서 수출 시 선박에 컨테이너를 싣기 전이나 수입 시 선박에서 내린 컨테이너를 모아두는 장소를 뜻한다. 선박회사의 입장에서 수많은 송하인 또는 수하인을 상대로 개별적으로 컨테이너를 인수하거나 인도하기가 힘들기 때문에 CY를 지정해서 송하인 또는 수하인들로 하여금 CY에서 화물을 인도하거나 인수해 가도록 한다.

⑤ CFS

CFS는 Container Freight Station의 약자이며 복수의 송하인으로부터 LCL 화물을 인수해서 컨테이너에 적재하는 작업을 하거나, 수입된 LCL 화물을 컨테이너에서 하역하는 작업을 하는 장소로서 컨테이너작업장이라고 부른다. FCL 화물은 개별 송화인이나 수화인이 원하는 장소에서 컨테이너에 물건을 적재하거나 하역하지만 LCL 화물의 경우에는 컨테이너터미널에 위치한 CFS에서 물건을 적재하거나 하역함으로써 복수의 장소에서 물건을 적재하거나 하역하는 데 따르는 비용 및 시간상의 낭비를 막을 수 있다.

⑥ ICD

Inland Container Depot 또는 Inland Clearance Depot의 약자로서 내륙컨테이너기지 또는 내륙컨테이너화물통관기지라고 부른다. 내륙에 위치한 컨테이너기지로서 항구나 공항과 마찬가지로 컨테이너 화물처리를 위한 시설을 갖추고 수출입화물의 통관, 화물집하, 보관, 분류, 간이보세운송, 관세환급 등 종합물류터미널로서의 기능을 다하는 지역을 뜻한다.

ICD를 이용할 경우 유통기일 축소와 물류비 절감효과는 물론 신속한 통관 및 B/L 발급을 통해서 수출대금의 조기회수가 가능하다. 현재 우리나라에서는 경기도 의왕시에 의왕 ICD와 경남 양산에 양산 ICD가 운영되고 있다.

⑦ Storage Charge

화물이 입고돼서 출고될 때까지 보관료조로 터미널에서 화주에게 징수하는 비용

⑧ Demurrage Charge

컨테이너를 정해진 기간 내에 가져가지 않을 때 선박회사가 화주에게 부과하는 비용. Bulk cargo의 경우에는 정해진 기간 내에 선적이나 하역을 하지 못해서 선박의 출항이 지연되는 경우 선박회사에서 화주에게 부과하는 체선료를 뜻함.

⑨ Detention Charge

컨테이너를 정해진 기간 내에 반납하지 않을 때 지연된 반납에 대한 피해보상 명목으로 선박회사에서 화주에게 부과하는 비용

⑩ Free Time

컨테이너를 가져가거나 반납할 때까지 별도의 비용을 부과하지 않고 허용해주는 기간

운송절차

무역운송의 주를 이루는 해상운송을 기준으로 운송절차를 살펴보면 다음과 같다.

① 송하인(shipper)이 운송인에게 선적의뢰서(S/R, Shipping Request)를 보낸다. 실무적으로는 정식 S/R을 발행하지 않고 상업송장(commercial invoice)과 포장명세서(packing list)만 보내주고 선적의뢰를 하는 경우가 많으나 업무상 착오를 방지하고 문제발생 시 해결이 용이하도록 정식으로 S/R을 작성해서 보내주는 것이 바람직하다.

② S/R을 접수한 운송인은 화물예약을 마치고 선박의 일등항해사 앞으로 선적지시서(S/O, Shipping Order)를 보낸다.

③ CY 및 CFS 오퍼레이터가 부두에서 컨테이너를 인수하고 부두수취증(D/R, Dock Receipt)에 서명한 후 송하인에게 전해준다. 야적

화물(bulk cargo)의 경우에는 부두수취증 대신에 본선인수증(M/R, Mate's Receipt)을 발행한다.

④ 송하인은 운송인에게 부두수취증 또는 본선인수증을 제시하고 선하증권(B/L, Bill of lading)을 발급받는다.

⑤ 운송인은 화물을 선박에 적재하여 운송하고 해당 선박이 도착하기 전에 수하인(consignee)에게 화물의 도착을 알리는 도착통지서(Arrival Notice)를 발송한다.

⑥ 화물이 도착하면 수하인은 선하증권을 운송인에게 제시하고 운송인으로부터 화물인도지시서(D/O, Delivery Order)를 교부받는다.

⑦ 선박이 도착하면 FCL화물은 CY에 반입되고, LCL 화물은 CFS로 이송되어 컨테이너에서 적출(devanning)된다.

⑧ 수하인은 화물인도지시서를 제시하고 CY 또는 CFS에서 화물을 인수한다.

실제 운송과정에서는 송하인과 수하인을 대신해서 복합운송주선인(freight forwarder)이 운송인을 상대하는 것이 일반적이다.

해상운임

정기선의 해상운임(ocean freight)은 기본운임(Basic Rate)에 다음과 같은 부대운임을 더해서 결정한다.

① 유류할증료(BAF, Bunker Adjustment Factor)

선박의 주연료인 벙커유의 가격변동에 따르는 손실을 보전하기 위해서 부과하는 할증료

② 통화할증료(CAF, Currency Adjustment Factor)

운임표시 통화의 가치하락에 따른 손실을 보전하기 위해서 부과하는 할증료

③ 터미널화물처리비(THC, Terminal Handling Charge)

수출화물의 경우 CY에 입고된 시점부터 본선선측에 도착할 때까지, 수입화물의 경우에는 본선선측에서부터 CY에 입고될 때까지 화물의 이동에 따르는 화물처리비용

④ CFS 작업료(CFS Charge)

소량화물(LCL Cargo)을 선적지에서 혼적하거나 도착지에서 분류하는 데 발생하는 비용

⑤ 부두사용료(Wharfage)

부두소유자가 부두의 유지, 개조를 위하여 사용자로부터 징수하는 비용

⑥ 서류발급비(Documentation Fee)

선박회사가 일반관리비를 보전하기 위해서 수출 시에는 선하증권을 발급할 때, 수입 시에는 화물인도지시서를 발급해줄 때 징수하는 비용

선하증권

선하증권(B/L, Bill of Lading)은 선박회사 또는 포워더가 발행하며, 증권에 기재된 조건에 따라 화물을 운송하여 증권의 정당한 소지인에게 인도할 것을 약정하는 유가증권이다. 수출자는 물품을 선적한 후 선하증권을 발급받아서 수입자 또는 은행에 제출하고, 수입자는 선하증권을 선박회사에 제출하고 물건을 인도받는다.

» 신용장에서 요구하는 선하증권

일반적인 무역거래 시 신용장에서 요구하는 선하증권은 다음과 같다.

① Full set of ② clean ③ on board ④ ocean bill of lading ⑤ made out to the order of New York Bank ⑥ marked freight prepaid and ⑦ notify applicant

① full set of B/L(선하증권 원본 전통)

선하증권은 이와 상환하여 화물을 인도하기로 약속하는 유가증권이므로 분실 시 화물을 인도받을 수 없다. 통상 선하증권은 분실 가능성에 대비하기 위하여 세 통의 원본을 발행하며, 그중 한 통을 제시하면 물건을 찾을 수 있고, 나머지 두 통은 무효가 된다. 신용장에서 full set of bill of lading을 요구하는 것은 발행된 선하증권 원본 모두를 제출하라는 뜻이다.

② clean B/L(무사고선하증권)

선하증권의 remark난에 아무런 하자내용이 기재되지 않은 무사고선하증권을 뜻한다. 이와 반대로 운송인이 화물을 인수받았을 때 포장상태나 수량 등에 하자가 있을 경우 추후 책임을 지지 않기 위해서 remark난에 하자 내용을 기재한 선하증권을 사고선하증권(foul B/L or dirty B/L)이라고 한다.

사고선하증권은 은행에서 매입을 거절하므로 수출자는 하자내용을 보완한 후 무사고선하증권을 발급받아야 한다. 선적기일 내에 하자보완이 불가능한 경우에는 선박회사에 파손화물보상장(L/I, Letter of Indemnity)을 제출하고 무사고선하증권을 교부받을 수 있다.

파손화물보상장이란 화물 인수 시 발견된 하자로 인해서 발생하는 화물의 손상에 대해서 하주가 책임을 지며 선박회사는 면책된다는 내용을 기재한 서식으로서 이 서식에 의거 파손화물에 대한 최종 보상책임은 수출자가 부담하게 된다.

③ on board B/L(본선적재선하증권)

화물이 본선에 적재되었음을 나타내는 선하증권을 뜻한다. 한편 화물을 부두창고나 부두장치장 등에서 인수하여 선박에 적재되기 전에 발행한 B/L은 수취선하증권(received B/L)이라고 하며 은행이 매입을 거절할 수 있다.

④ ocean B/L(해상선하증권)

해상운송 시 발행되는 선하증권으로서 국내항구 간 또는 내륙운송 시에 발행되는 선하증권과 구분하여 사용한다.

⑤ made out to the order of New York Bank(뉴욕은행의 지시식으로 작성)

Consignee의 표시문언으로서, consignee(수하인)란 B/L에 화물의 인수자로 지정되어 있는 자를 뜻한다.

Consignee는 결제방식에 따라 달라지는데, 송금방식일 때는 수입자의 상호 및 주소를 기재하고, 신용장방식일 때는 신용장의 documents required항에 명시된 대로 'to order', 'to order of shipper', 'to order of 개설은행' 등과 같이 기재한다.

이와 같이 수하인을 지정하지 않고 지시식으로 표기한 선하증권을 지시식선하증권(order B/L)이라고 하고 수하인을 지정해놓은 선하증권을 기명식선하증권(straight B/L)이라고 한다.

신용장방식의 거래에서 지시식선하증권을 사용하는 이유는 수입자가 신용장대금을 결제하지 않을 경우 개설은행에서 자체적으로 화물을 처분할 수 있도록 하기 위함이다. 즉 처음부터 consignee를 수입자로 지정해놓으면 수입자가 신용장대금을 결제하지 않았을 때 은행에서 화물을 처리하는 데 문제가 있으므로 은행의 지시에 따르도록 하는 것이다.

⑥ marked freight prepaid(운임선불 표시)

Freight prepaid란 화물을 운송하기 전에 운임을 미리 지급하는 것을 뜻하며, CIF와 같이 가격에 운임이 포함된 거래조건으로 계약한 경우 B/L에 freight prepaid라고 표시한다.

한편 freight collect란 화물이 도착한 후에 운임을 지급하는 것을 뜻하며, FOB와 같이 가격에 운임이 포함되지 않은 거래조건으로 계약한 경우 B/L에 freight collect라고 표시한다.

⑦ notify party(통지인)

통지인이란 운송인이 화물의 도착을 통지해주는 상대방으로서 통상적으로 신용장개설의뢰인(applicant)인 수입자를 통지인으로 지정한다.

한편 신용장에 명시된 제시기한이 경과한 B/L을 Stale B/L이라고 하며 은행에서 수리하지 않는다. 신용장에 제시기한이 명시되어 있지 않으면 선적일로부터 21일이 경과한 B/L을 Stale B/L로 간주한다.

≫ 특수한 상황에서 활용하는 방식

서류보다 물건이 먼저 도착하는 인접국가 간의 거래나 중계무역과 같은 특수한 상황에서는 다음과 같은 방식을 활용한다.

① Surrendered B/L

Surrendered B/L이란 original B/L의 발행을 포기하거나 반납함으로써 수하인이 original B/L 없이 화물을 찾을 수 있도록 하는 것이다.

B/L을 surrender하기 위해서는 shipper가 운송인으로부터 발급받은 original B/L에 배서한 후 반납하거나, original B/L이 발행되기 전에 별도의 요청서를 제출하여 original B/L 발행을 포기해야 한다.

Surrender된 B/L은 전면 하단부에 'SURRENDERED'라는 스탬프가 찍혀 있다. 선적지의 운송인은 별도의 메시지를 통해서 B/L이 surrender되었음을 도착지의 운송인에게 통보하고, 수하인은 shipper로부터 B/L 사본을 전달받아 운송인에게 제출하고 화물을 인수한다.

Surrendered B/L은 우리나라와 중국, 일본, 대만 등과 같은 인접국가 간의 무역거래에서 선적서류보다 화물이 먼저 도착할 경우, original B/L이 도착하기 전에 화물을 인수할 수 있도록 고안된 방식으로서, 물품대금 전액이 사전에 송금되고 물품이 선적되는 경우에 주로 활용된다.

② 수입화물선취보증서(L/G, Letter of Guarantee)

인접국가 간의 거래에서 결제방식이 송금방식인 경우에는 앞서 소개한 surrendered B/L 방식을 활용해서 original B/L 없이 물건을 찾을 수 있도록 할 수 있으나, 신용장방식의 거래에서는 은행에서 original B/L을 요구하기 때문에 surrendered B/L 방식을 사용할 수 없다. 이와 같은 상황에서 대안으로 사용하는 것이 수입화물선취보증서다.

수입화물선취보증서란 수입자와 신용장개설은행이 연대하여 선박회사에 선하증권 원본이 도착되는 대로 이를 제출할 것과 선하증권 원본 없이 물품을 인도받는 데 따른 모든 문제에 대해서 선박회사에 책임을 지우지 않겠다고 보증하는 서류로서, 수입자는 선박회사에 수입화물선취보증서를 제출하고 화물을 인수한다.

③ Switch B/L

중계무역에 이용되는 방식으로서 중계무역상이 수입자에게 원수출자가 노출되는 것을 원하지 않을 때 선적지에서 발행된 original B/L을 운송사에 반납하거나 original B/L의 발행을 surrender하고 shipper를 중계무역상으로 교체하여 새로운 B/L을 발급받는 것을 뜻한다.

Switch B/L 방식을 활용하기 위해서는 최종수입자와 CIF와 같이 운임이 가격에 포함된 거래조건으로 계약하고, 사전에 포워더와 새로운 B/L의 발행이 가능한지를 확인해두어야 한다.

④ Third Party B/L

신용장의 수혜자인 수출자 대신 제3자가 shipper난에 기재된 B/L로서 주로 중계무역에서 사용된다. 예를 들어 한국의 중계무역상이 중국의 공급자로부터 물건을 구입하여 미국으로 직접 선적토록 하는 경우 중국 공급자가 shipper난에 기재된 B/L을 Third Party B/L이라고 한다.

》 선하증권 작성요령

① **Shipper(송하인):** shipper의 상호와 주소를 기재한다.

② **Consignee(수하인):** 결제방식이 송금방식일 때는 수입자의 상호 및 주소를 기재하고, 신용장방식일 때는 신용장의 documents required항에 명시된 대로 'to order', 'to order of shipper', 'to order of 개설은행' 등과 같이 기재한다.

③ **Notify Party(통지인):** 수입자의 상호와 주소를 기재한다.

④ **Ocean Vessel:** 선박명을 기재한다.

⑤ **Port of Loading:** 선적항 및 국명을 기재한다.

Bill of Lading

① Shipper/Exporter SMILE CORPORATION 123, SAMSUNG-DONG, KANGNAM-KU SEOUL, KOREA	⑪ B/L No. ; HONEST12345678
② Consignee TO THE ORDER OF NEW YORK BANK	
③ Notify Party HAPPY CORPORATION 111, HAPPY ROAD NEW YORK, USA	

Pre-Carriage by	⑥ Place of Receipt Busan CY	
④ Ocean Vessel OCEAN GLORY	⑦ Voyage No. 123E	⑫ Flag KOREA

⑤ Port of Loading	⑧ Port of Discharge	⑨ Place of Delivery	⑩ Final Destination(For the Merchant Ref.)
BUSAN, KOREA	NEW YORK, USA	New York CY	

⑬ Container No.	⑭ Seal No. Marks & No	⑮ No. & Kinds of Containers or Packages	⑯ Description of Goods	⑰ Gross Weight	⑱ Measurement
TEXU0101 N/M		1 CNTR	SPORTS ACCESSORIES 1,700PCS	3,208 KGS	24.532 CBM
Total No. of Containers or Packages(in words) SAY : ONE(1) CONTAINER ONLY			"FREIGHT PREPAID"		

⑲ Freight and Charges AS ARRANGED	⑳ Revenue tons	㉑ Rate	㉒ Per	㉓ Prepaid	㉔ Collect

㉕ Freight prepaid at BUSAN, KOREA	㉖ Freight payable at	㉘ Place and Date of Issue JUNE 12, 2020, SEOUL
Total prepaid in	㉗ No. of original B/L THREE(3)	Signature

㉙ Laden on board vessel Date Signature JUNE 12, 2020	㉚ HONEST Shipping Co. Ltd. as agent for a carrier, RICH Liner Ltd.

⑥ **Place of Receipt:** 운송인이 송하인으로부터 화물을 수취하는 장소

⑦ **Voyage No:** 항차번호를 기재한다.

⑧ **Port of Discharge:** 양륙항 및 국명을 기재한다.

⑨ **Place of Delivery:** 운송인이 수하인에게 화물을 인도하는 장소를 기재한다.

⑩ **Final Destination:** 복합운송의 경우 최종목적지를 기재한다.

⑪ **B/L No.:** 선하증권번호를 기재한다.

⑫ **Flag:** 선박의 등록국적을 기재한다.

⑬ **Container No.:** Container No.를 기재한다.

⑭ **Seal No.:** 컨테이너에 봉인한 Seal No.를 기재한다.

⑮ **No. & Kinds of Containers or Packages:** 컨테이너 개수나 포장 개수를 기재한다.

⑯ **Description of Goods:** Commercial Invoice에 기재된 상품명을 기재한다.

⑰ **Gross Weight:** 총중량 및 용적을 기재한다.

⑱ **Measurement:** 부피를 기재한다.

⑲ **Freight and Charges:** 운임 및 비용을 기재한다.

⑳ **Revenue Tons:** 중량과 용적 중에서 운임이 높게 계산되는 것을 택하여 기재한다.

㉑ **Rate:** Revenue Ton당의 운임단가 및 부대비용 등을 기재한다.

㉒ **Per:** 중량단위 또는 용적단위를 기재하고 Full Container는 Van 단위로 기재한다.

㉓㉔ **Prepaid Collect:** 거래조건에 따라 해당란에 운임을 기재한다. 예를 들어 CIF 조건일 경우에는 Prepaid난에 운임을 기재하고 FOB 조건일 경우에는 Collect난에 기재한다.

㉕ **Freight Prepaid At:** CIF와 같이 운임선불조건인 경우의 운임이

지불되는 장소를 기재한다.

㉖ **Freight Payable At:** FOB와 같이 운임이 수하인 부담인 경우에 운임이 지불되는 장소를 기재한다.

㉗ **No. of Original B/L:** Original B/L의 발행통수를 기재한다.

㉘ **Place and Date of Issue:** 선하증권 발행장소와 발행일자를 기재한다.

㉙ **On Board Date:** 선적일자를 기재한다.

㉚ **Carrier Name:** B/L 발행권자의 서명을 표시한다.

해상화물운송장

해상화물운송장(SWB, Sea Waybill)은 운송인이 화물을 인수하였음을 증명하고 해당 화물을 운송하여 운송장에 명시한 수하인에게 인도할 것을 약정하는 운송계약증서이다.

해상화물운송장은 화물인수증이자 운송계약의 증빙서류라는 점에서는 선하증권과 다를 바 없으나, 화물에 대한 청구권을 갖는 유가증권이 아니며 유통시킬 수 없다는 점에서 선하증권과 구별된다.

해상화물운송장은 기명식으로만 발행되며, 수하인이 물품을 수령할 때 운송인에게 해상화물운송장을 제출할 필요가 없으므로 인접국가 간의 거래에서 화물보다 서류가 늦게 도착함으로써 물품의 인도가 지연되는 것을 피할 수 있고, 원본분실의 위험으로부터 자유로울 수 있다는 등의 장점이 있다.

이러한 장점 때문에 선하증권 대신 해상화물운송장을 사용하는 경우가 늘어나고 있으며, 인코텀즈와 신용장통일규칙에서도 물품인도의 증빙서류로서 해상화물운송상을 명시적으로 인정하고 있다.

항공화물운송장

　항공화물운송장(AWB, Air Waybill)은 항공으로 화물을 운송할 경우 항공사 또는 항공화물운송대리점에서 발행하는 항공화물수령증이다. 선하증권은 유가증권으로서 유통이 가능한 반면에 항공운송장은 화물의 수령을 증명하는 영수증에 불과하며 유통이 불가능하다.

　항공운송장은 기명식으로만 발행되며, 항공운송장상에 명시된 consignee에게 화물이 인도되는 순간 효력이 소멸된다. 항공화물운송장은 3장의 원본이 발행되며, 제1원본(녹색)은 운송인용, 제2원본(적색)은 수하인용, 제3원본(청색)은 송화인용이다.

　신용장방식으로 거래하는 경우 AWB상의 consignee가 개설은행이 되므로 수입자가 항공사로부터 화물을 인수하기 위해서는 개설은행의 승낙이 필요하다. 이와 같은 취지로 발행되는 것이 항공수입화물 인도승낙서이며, 수입자는 개설은행으로부터 항공수입화물 인도승낙서를 발급받아서 항공사에 제출하고 화물을 인수한다.

Shipper's Name and Address		Shipper's Account Number	Not negotiable	
MILE CORPORATION 23, SAMSUNG-DONG, KANGNAM-KU SEOUL, KOREA			**Air Waybill** *issued by*	**KOREAN AIR**
			Copies 1, 2 and 3 of this Air Waybil are originals and have the same validity.	

Consignee's Name and Address	Consignee's Account Number
NEW YORK BANK NEW YORK NOTIFY APPLICANT HAPPY CORPORATION 11, HAPPY ROAD NEW YORK, USA	It is agreed that the goods described herein are accepted in apparent good order and condition (except as noted) for carriage SUBJECT TO THE CONDITIONS OF CONTRACT ON THE REVERSE HEREOF. THE SHIPPER'S ATTENTION IS DRAWN TO THE NOTICE CONCERNING CARRIER'S LIMITATION OF LIABILITY. Shipper may increase such limitation of liability by declaring a higher value for carriage and paying a supplemental charge if required.
Telephone :	

Issuing Carrier's Agent Name and City		Accounting Information
HONEST CARGO LTD		RATE CHARGE
Agent's IATA Code	Account No.	EX RATE USD 1.00 = KRW 1,000 AIR FREIGHT PREPAID 0901EA020
57193220011	57193220011	

Airport of Departure(Addr. of First Carrier) and Requested Routing
INCHEON AIRPORT

TO BY	By First Carrier KOREAN AIR	Routing and Destination	to	by	to	by	Currency USD	CHGS Code	WT/VAL WT/VAL PPD PP	COLL	Other Other PPD PP	COLL	Declared Value for Carriage N.V.D.	Declared Value for Customs N.C.V.

Airport of Destination	Flight/Date	For Carrier Use Only	Flight/Date	Amount of Insurance	INSURANCE-If Carrier offers Insurance, and such insurance is requested in accordance with conditions on reverse hereof, indicate amount to be insured in figures in box marked 'amount of Insurance'.
NEW YORK AIRPORT				NIHILL	

Handling Information

No. of Pieces RCP	Gross Weight	kg lb	Rate Class Commodity item No.	Chargeable Weight	Rate Charge	Total	Nature and Quantity of Goods (incl. Dimensions or Volume)
1	18,000	K		18.0	12.48	224.64	1,700 PCS OF SPORTS ACCESSORIES COUNTRY OF ORIGIN : R.O.K. CIF NEW YORK AIRPORT FREIGHT PREPAID L/C NUMBER : L12345678
1	18,000	K				224.64	

Prepaid	Weight Carge	Collect	Other Charges
224.64			FSC USD 9.00EAA USD 20.00
	Valuation Charge		AWAUSD 20.00 MZA USD 20.00 CHAUSD 40.00 SOA USD 10.00
	Tax		
	Total Other Charges Due Agent		Shipper certifies that the particulars on the face hereof are correct and that insofar as any part of the consignment contains dangerous goods, such part is properly described by name and is in proper condition for carriage by air according to the applicable Dangerous Goods Regulations.
110.00			
	Total Other Charges Due Carrier		HOPE CARGO LTD AS AGENT FOR CARRIER KOREAN AIR
9.00			
			Signature of Shipper or his Agent

Total Prepaid	Total Collect		
343.64		12/06/2020 SEOUL JOHN KIM	
Currency Conversion Rates	CC Charges In Dest. Currenc7y	Executed on(date) at(place) Signature of Issuing Carrier or its Agent	
For Carrier's Use Only at Destination	Charges at Destination	Total Collect Charges	**123 4567 8910**

ORIGINAL 3(FOR SHIPPER)

항공수입화물 인도승낙(신청)서

서울은행 앞

운송회사명			신용장 등 번호	
			항공화물운송장 내용	
			운송장 번호	
송하인			발행일	
			비행편번호	
수하인			도착일	
			출발공항	
			도착공항	
상업송장 금액			화물표시 및 번호	
물품명세	물품명			
	수량			

 본인은 귀행이 수하인으로 되어 있는 항공화물 운송장에 의하여 위 수입화물을 수취하고자 귀행의 인도승낙을 신청하며 이로 말미암아 발생하는 위험과 책임 및 비용은 모두 본인 부담으로 하겠습니다. 또한 관계 선적서류가 귀행에 도착하기 전 선취하는 경우 선적서류 도착 시 서류의 불일치 등 어떠한 흠이 있더라도 틀림없이 인수할 것을 확약합니다.

    년   월   일

신청인

주소

인감	
대조	

_____ 귀하

상기 신청내용과 같이 수입화물을 인도할 것을 승낙합니다.

    년   월   일

승낙권자 **서울은행장** (인)

134

운송관련용어

» S/R(선복신청서)

Shipping Request의 약어로서 shipper가 선박회사에 화물을 선적할 공간을 요청하는 서식

» S/O(선적지시서)

Shipping Order의 약어로서 선박회사에서 화물을 선박에 적재하여 목적지까지 운송할 것을 선장에게 지시하는 서식

» M/R(본선인수증)

Mate's Receipt의 약어로 일등항해사가 화물수령의 증거로 발행하는 본선인수증으로서 화물이 아무런 이상 없이 선적이 완료되었다는 것을 확인하는 서식. 선적은 완료되었으나 화물에 이상이 있을 때는

이를 비고란에 기재한다.

≫ L/I(파손화물보상장)

Letter of Indemnity의 약어로서 하자물품을 선적할 경우에 clean B/L을 받기 위해서 shipper가 선박회사에 책임을 전가시키지 않겠다고 서약하는 서식

≫ D/O(화물인도지시서)

Delivery Order의 약어로서 화물이 도착하였을 때 선박회사에서 선장이나 하역업자에게 물건을 수입자에게 인도하도록 지시하는 서식

≫ 선적통지(Shipping Notice)

수출자가 수입자에게 선적스케줄을 통보하는 것

≫ 도착통지(Arrival Notice)

운송인이 통지인(notify party)에게 화물의 도착스케줄을 통보하는 것

» Partial Shipment(분할선적)

물품을 한꺼번에 싣지 않고 두 차례 이상 나누어 싣는 것으로서 공급자의 재고부족이나 수입자의 판매계획에 따라 여러 차례에 나누어 선적하는 것이 바람직할 때 허용된다.

» Transshipment(환적)

물품을 선적항에서 도착항까지 같은 선박으로 운송하지 않고 중간 기착지에서 다른 선박에 옮겨 싣는 것. 목적지까지 항해하는 선박이 없거나 있더라도 자주 운항하지 않을 때 수입자의 동의하에 환적이 이루어진다. 단 feeder선을 이용하는 것은 환적으로 보지 않으며, 선적항의 선명과 하역항의 선명이 다른 경우는 환적으로 본다.

» TEU와 FEU

TEU는 Twenty Foot Equivalent Unit, FEU는 Forty Foot Equivalent Unit의 약어로서 2만 TEU급 컨테이너선이라고 하면 20피트 컨테이너 2만 개를 실을 수 있는 컨테이너선을 뜻한다.

» ETD와 ETA

ETD는 Estimated Time of Departure의 약자로서 예상출발일자를 뜻하며, ETA는 Estimated Time of Arrival의 약자로서 예상도착일자를 뜻한다.

Chapter 8
보험

적하보험

》 적하보험의 개요

무역거래는 서로 다른 국가 간의 거래이기 때문에 장거리 운송에 따르는 위험에 노출되기 마련이다. 물품이 운송되는 도중에 사고가 발생하면 물품이 분실되거나 파손되는 등의 손해를 볼 수 있기 때문에 물품이 목적지에 안전하게 도착할 때까지 안심할 수가 없다.

이와 같은 문제를 해결하기 위해서 도입된 것이 적하보험이다. 적하보험에 가입하면 운송도중 발생하는 물품의 분실이나 파손으로 인한 손해를 보상받을 수 있기 때문에 안심하고 무역거래를 할 수 있다.

수출자와 수입자 중 누가 적하보험에 가입하느냐 하는 것은 인코텀즈에서 규정한 위험의 이전시점에 따라서 판단해야 한다. 즉 위험 이전이 수출국에서 이루어지는 EXW, FOB, FCA, FAS, CFR, CPT 등의 거래조건으로 거래할 때는 수입자가 보험에 들어야 하고, 위험이전이 수입국에서 이루어지는 DAP, DPU, DDP 조건으로 거래할 때는 수출자가 보험에 들어야 한다. 다만 CIF나 CIP 조건의 경우에는 위험이 수출국 내에서 이전되지만 예외적으로 수출자가 보험에 가입하도록 규정해놓고 있다.

≫ 적하보험의 조건

적하보험의 조건은 구약관과 신약관으로 나누어진다. 구약관은 1912년 런던보험자협회가 주관하여 제정하였으며, A/R(All Risk), WA(With Average), FPA(Free From Particular Average)로 나누어진다. 신약관은 1982년에 제정되었으며, ICC(A), ICC(B), ICC(C)로 나누어진다.

런던보험자협회는 1983년 4월 1일부터 강제적으로 신약관을 사용하도록 하고 있으나, 무역현장에서는 아직도 구약관과 신약관을 병행해서 사용하고 있다.

적하보험에서 보상해주는 물적 손해는 화물 전체가 멸실한 전손(Total Loss)과 화물의 일부에만 발생하는 분손(Partial Loss)으로 나누어지며 구체적인 내용은 다음과 같다.

① 전손

• 현실전손(Actual Total Loss)

실제로 전체가 멸실되어 복구가 불가능할 정도로 발생한 손해

- **추정전손(Constructive Total Loss)**

전체적으로 멸실되지 않았더라도 손해의 정도가 본래의 효능을 상실하거나 복구비용이 시장가격을 초과하는 손해

② **분손**

- **단독해손(Particular Average)**

피보험자가 단독으로 입는 화물의 부분적인 손해

- **공동해손(General Average)**

공동의 안전을 위협하는 위험을 피하기 위해서 발생한 손해

구약관과 신약관에서 규정한 담보위험은 다음과 같다.

담보위험	A/R	ICC(A)	WA	ICC(B)	FPA	ICC(C)
전손	○	○	○	○	○	○
공동해손	○	○	○	○	○	○
구조료	○	○	○	○	○	○
특별비용	○	○	○	○	○	○
손해방지비용	○	○	○	○	○	○
좌초, 침몰, 화재, 충돌로 인한 단독해손	○	○	○	○	○	○
피난항에서 하역 중의 손해	○	○	○	○	○	○

하역 또는 환적 작업 중 적하품 한 개의 포장단위의 전손	○	○	○	○	○	X
투하	○	○	○	○	X	○
갑판유실	○	○	○	○	X	X
악천후로 인한 해수 침손	○	○	○	○	X	X
기타의 분손	○	○	X	X	X	X

≫ 면책위험

면책위험이란 손해에 대한 보험자의 책임이 면제되는 위험으로서 피보험자의 입장에서 보상받을 수 없는 위험을 뜻한다. 신약관에서 적용되는 면책위험은 다음과 같다.

① 일반면책위험
- 피보험자의 고의적인 위법행위로 인한 손해
- 화물의 통상적인 누손, 중량 또는 용적상의 손실 및 자연소모
- 화물의 포장 또는 준비의 불완전 또는 부적합으로 인한 손해
- 화물의 고유의 하자 또는 성질로 인하여 발생하는 손해
- 항해지연으로 인해 발생하는 손해
- 불법행위에 의한 고의적인 손상 또는 파괴(행위자 불문)
- 선구, 판리사, 용선사 또는 운항자의 파산이나 채무불이행으로 인해 발생하는 손해

- 원자력 및 방사선 관련 무기 사용으로 인한 손해

불법행위에 의한 고의적인 손상 또는 파괴는 ICC(A) 조건에서는 면책위험에 포함되지 않는다.

② 불내항성 및 부적합성 면책위험

선박이 항해하거나 컨테이너 또는 지게차가 화물을 운송하는 데 부적합한 사유로 인해서 발생하는 위험

③ 전쟁면책위험

전쟁, 내란, 혁명, 모반, 반란, 포획, 나포, 억류(해적행위 제외) 및 유기된 기뢰, 어뢰, 폭탄 등으로 인해서 발생하는 위험

해적위험은 구약관에서는 면책위험에 포함되었으나 신약관에서는 전쟁면책약관에서 배제됨으로써 ICC(A) 조건으로 보험에 가입하면 보상받을 수 있다.

④ 동맹파업면책위험

동맹파업, 직장폐쇄, 노동분쟁 등으로 인해서 발생하는 위험

운송도중 발생하는 다양한 위험으로 인한 손해를 충분히 보상받기 위해서는 ICC(A) 또는 A/R 조건으로 가입하면서 협회전쟁약관(Institute War Clause) 및 협회파업폭동소요약관(Institute Strike Riot Civil

144

Commotion Clause) 등과 같은 면책위험을 추가하는 것이 바람직하다.

≫ 부가조건

신약관의 ICC(A) 조건이나 구약관의 A/R 조건에서는 보상범위에 포함되어 있으나 나머지 조건에서는 보상범위에서 제외되는 위험들이 있다. 이런 위험들에 대해서는 부가조건으로 선택하여 보험에 가입할 수 있으며 그 내역은 다음과 같다.

① 도난 및 미도착의 위험(Theft, Pilferage and Non-delivery: TPND)

② 빗물 및 담수의 위험(Rain and/or Freshwater Damage: RFWD)

③ 갈고리에 의한 위험(Hook & Hole)

④ 기름 및 다른 화물과의 접촉의 위험(Contact with Oil & Other Cargo: COOC)

⑤ 굴곡의 위험(Bending and/or Denting)

⑥ 파손의 위험(Breakage)

⑦ 누손 및 중량부족의 위험(Leakage and/or Shortage)

⑧ 땀과 열의 위험(Sweat and/or Heating)

⑨ 쥐나 해충의 위험(Rat and/or Vermin)

⑩ 곰팡이의 위험(Mildew and Mould)

⑪ 녹이 위험(Rust)

⑫ 오염의 위험(Contamination)

≫ 적하보험 관련용어

① 보험자(Insurer, Assurer)

보험계약의 당사자로서 통상 보험회사를 뜻한다.

② 피보험자(Insured, Assured)

피보험이익의 수혜자로서 사고발생 시 보험금을 청구하여 지급받을 권리를 갖는 자를 뜻한다.

③ 보험계약자(Policy Holder)

보험료를 지급하고 보험자와 보험계약을 체결한 당사자를 뜻한다.

④ 보험금액(Insured Amount)

보험계약금액으로서 사고발생 시 보험자가 부담하는 손해배상책임의 최고한도액으로서 통상 CIF금액에 10%의 희망이익을 추가한 금액이다.

⑤ 보험금(Claim Amount)

피보험자에게 지급하는 보상금을 뜻한다.

⑥ 보험료(Insurance Premium)

보험에 가입하기 위해서 보험계약자가 보험자에게 지불하는 대금을 뜻한다.

⑦ 보험증권(Insurance Policy)

보험계약을 체결한 증빙으로서 보험자가 보험계약자에게 발급하는 증서를 뜻한다.

Honest Insurance Co., Ltd.

CERTIFICATE OF MARINE CARGO INSURANCE

Assured(s), etc ② SMILE CORPORATION	

Certificate No. ① 00259A87523	Ref. No.③ Invoice No. SCI-0609 L/C No. L12345678
Claim, if any, payable at : ⑥ 　HONEST MARINE SERVICE 　222 Honest Road New York 　Tel (202) 309-59412 Claims are payable in	Amount insured ④ 　USD 24,024.00 　(USD21,840.00 X 110%)

Survey should be approved by ⑦ 　THE SAME AS ABOVE		Conditions ⑤ * INSTITUTE CARGO CLAUSE(A) 1982
⑧ Local Vessel or Conveyance	⑨ From(interior port or place of loading)	* CLAIMS ARE PAYABLE IN AMERICA IN THE CURRENCY OF THE DRAFT.
Ship or Vessel called the ⑩ OCEAN GLORY	Sailing on or about ⑪ JUNE 10, 2020	
at and from ⑫ BUSAN, KOREA	⑬ transshipped at	
arrived at ⑭ NEW YORK, USA	⑮ thence to	
Goods and Merchandise ⑯ 1,700 PCS OF SPORTS ACCESSORIES		Subject to the following Clauses as per back hereof institute Cargo Clauses Institute War Clauses(Cargo) Institute War Cancellation Clauses(Cargo) Institute Strikes Riots and Civil Commotions Clauses Institute Air Cargo Clauses(All Risks) Institute Classification Clauses Special Replacement Clause(applying to machinery) Institute Radioactive Contamination Exclusion Clauses Co-Insurance Clause Marks and Numbers as

Place and Date signed JUNE 9, 2020 No. of Certificates issued. ⑰ TWO

⑱ This Certificate represents and takes the place of the Policy and conveys all rights of the original policyholder (for the purpose of collecting any loss or claim) as fully as if the property was covered by a Open Policy direct to the holder of this Certificate.

This Company agrees losses, if any, shall be payable to the order of Assured on surrender of this Certificate. Settlement under one copy shall render all others null and void.

Contrary to the wording of this form, this insurance is governed by the standard from of English Marine Insurance Policy.

In the event of loss or damage arising under this insurance, no claims will be admitted unless a survey has been held with the approval of this Company's office or Agents specified in this Certificate.

SEE IMPORTANT INSTRUCTIONS ON REVERSE
⑲ Honest Insurance Co., Ltd.

AUTHORIZED SIGNATORY

This Certificate is not valid unless the Declaration be signed by an authorized representative of the Assured.

수출보험

화물의 운송도중에 발생하는 사고로 인한 손해는 적하보험에 가입해서 보상받을 수 있으나 수출자의 경우 해외거래처의 계약파기, 파산, 대금지급지연 및 거부와 같은 신용위험에도 대비해야 하고, 상대국의 전쟁이나 내란, 정치적 위험이나 환율의 급변동에 따른 위험에도 대비해야 한다.

수출보험은 이와 같이 적하보험에서 보상해주지 않는 다양한 위험으로부터 무역업자를 보호하고자 정부차원에서 운영하는 비영리 정책보험으로서 한국무역보험공사(www.ksure.or.kr)에서 취급한다.

한국무역보험공사에서는 다양한 종류의 수출보험을 운영하고 있으며 그중 대표적인 것이 단기 또는 중장기 수출보험과 환변동보험이다.

단기수출보험은 결제기간이 2년 이내인 수출계약을 체결한 후 수출이 불가능하게 되거나 수출대금을 받을 수 없는 경우의 손실을 보상해주며, 중장기수출보험은 결제기간이 2년을 초과하는 수출계약을 체결한 후 수출이 불가능하게 되거나 수출대금을 받을 수 없는 경우에 입게 되는 손실을 보상해준다.

단기 또는 중장기수출보험에 가입하기 위해서는 한국무역보험공사의 사전 심사를 받아야 하며 기업별로 부여된 한도 내에서 보험가입이 가능하다. 한국무역보험공사에서는 바이어의 신용이 의심스러운 경우 보험가입을 거부할 수 있으며 수출보험의 가입을 받아들이는 경우에도 바이어의 신용도와 결제조건 등에 따라 보험료를 차등적으로 부과한다.

환변동보험은 수출자에게 일정 환율을 보장해준 후 수출대금 입금 또는 결제시점 환율과 비교하여 환차손이 발생하면 보상해주고 환차익이 발생하면 환수하는 방식으로 운영된다.

수출보험과 관련한 보다 자세한 내용은 한국무역보험공사 웹사이트(www.ksure.or.kr)에서 확인할 수 있다.

한국무역보험공사에서는 수입자가 선급금을 지급하고 회수하지 못했을 때 손실을 보상해주는 수입보험도 운영하고 있으나 철, 동, 아연, 석탄, 원유 등의 자원이나 시설재, 첨단제품, 외화획득용 원료 등을 수입할 때만 제한적으로 운영하고 있어서 일반상품의 경우에는 수입보험의 혜택을 받을 수 없다.

적하보험에 가입하고 보상받는 절차는 자동차보험에 가입하고 보상받는 절차와 다를 바 없다. 자동차보험에 가입할 때 구체적인 보험약관의 내용을 몰라도 되듯이 적하보험의 약관을 완벽하게 이해하지 못하더라도 적하보험에 가입하고 보상을 받는 데 크게 문제될 것은 없다.

중요한 것은 보험을 누가 들어야 하느냐는 것인데 앞서 인코텀즈에서 설명했듯이 거래조건이 CIF, CIP, DAP, DPU, DDP일 때는 수출자가 적하보험에 가입하고 나머지 6가지 조건 중에 하나로 계약을 체결했을 때는 수입자가 보험에 가입해야 한다.

수입자가 보험에 가입하는 조건으로 수출할 경우 수입자가 보험에 가입해야 하는 조건이라는 사실을 수입자에게 상기시킴으로써 무보험 상태로 사고가 발생하는 위험을 예방할 필요가 있다.

수출보험의 경우 수출자가 원한다고 해서 무조건 가입이 되는 것이 아니므로 사전에 가입이 가능한지를 확인한 후에 바이어와 상담을 진행하는 것이 바람직하다.

Chapter 9
통관

수출입통관절차

　수출입통관을 하기 위해서는 우선 수출입신고를 해야 한다. 세관에서는 화주 또는 관세사가 수출입신고한 내용을 심사해서 수리 여부를 결정하고 수출입신고필증을 교부해준다. 수입인 경우에는 수입신고 수리 후 관세를 납부해야만 수입신고필증을 교부받을 수 있다.

　세관심사는 서류심사와 물품검사로 이루어지며, 서류심사는 수출입물품의 HSK번호에 해당하는 품목별수출입요령에 의거 수출입규제여부 및 허가·승인 여부를 확인하는 방식으로 이루어진다.

　물품검사는 수출물품에 대해서는 원칙적으로 생략하고, 수입물품에 대해서는 무작위추출방식에 의하여 검사대상을 선별하며, C/S(Cargo Selectivity) system(우범화물 자동선별시스템)에 사전등록된 기준에 의하여 우범성이 있는 화물에 대한 검사 여부를 결정한다.

　수출의 경우에는 수출신고필증이 있어야만 수출물품을 선적할 수 있으며, 수입의 경우에는 수입신고필증이 있어야만 수입물품을 인수할 수 있다.

　한편 우리나라에 도착한 외국물품을 국내로 수입하지 않고 그대로 외국으로 반출하는 것을 반송이라고 하며, 주문이 취소되었거나 잘못 반입된 경우, 계약과 상이한 물품을 되돌려보내는 것은 물론 중계무역이나 위탁가공무역으로 외국에서 생산 또는 가공된 물품을 보세구역에 반입하여 외국으로 반출하는 경우도 반송에 해당된다.

한편 일정금액 이하의 자가사용물품 및 상용견품을 우편물 또는 국제특송을 통해서 들여올 때는 관세 등이 면세되거나 간이통관방식에 의해서 간편하게 물건을 찾을 수 있다. 간이통관이란 정식수입신고절차를 거치지 않고 간이세율에 의한 세금을 납부한 뒤 물건을 찾는 것을 뜻한다. 소액물품에 대한 구체적인 통관절차는 관세청 웹사이트(www.customs.go.kr)에서 확인할 수 있다.

수 출 신 고 서

※ 처리기간 : 즉시

제출번호	⑤ 신고번호	⑥ 신고일자	⑦ 신고구분	⑧ C/S 구분
① 신고자				

② 수출자 부호 　수출자 구분 　위탁자 　(주소) 　(대표자) 　(통관고유부호) 　(사업자등록번호)	⑨ 거래구분	⑩ 종류	⑪ 결제방법
	⑫ 목적국		⑬ 적재항
	⑭ 운송형태		⑮ 검사방법선택 　검사희망일
	⑯ 물품소재지		

③ 제 조 자 　(통관고유부호) 　제조장소　　　　　산업단지부호	⑰ L/C 번호	⑱ 물품상태
	⑲ 사전임시개청통보여부	⑳ 반송 사유
④ 구매자 　(구매자부호)	㉑ 환급신청인 (1: 수출/위탁자, 2: 제조자) 간이환급	
	㉒ 환급기관	

● 품명 · 규격(란번호/총란수 :)

㉓ 품명 ㉔ 거래품명	㉕ 상표명			
㉖ 모델규격	㉗ 성분	㉘ 수량	㉙ 단가(XXX)	㉚ 금액(XXX)

㉛ 세번부호		㉜ 순중량		㉝ 수량		㉞ 신고가격(ROB)	
㉟ 송품장부호		㊱ 수입신고번호		㊲ 원산지		㊳ 포장개수(종류)	
㊴ 총중량		㊵ 총포장개수		㊶ 총신고가격 　　(FOB)			
㊷ 운임		㊸ 보험료(₩)		㊹ 결제금액			
㊺ 수입화물 관리번호				㊻ 컨테이너번호			
㊼ 수출요건확인 　(발급서류명)							

※ 신고인기재란	㊽ 세관기재란
㊾ 운송(신고)인 ㊿ 기간　　　부터　　　까지	51 신고수리일자	52 적재의무기한
	담당자	

수입신고필증

(갑지)

① 신고번호	② 신고일	③ 세관, 과	⑥ 입항일	※ 처리기간 : 3일
④ B/L(AWB)번호	⑤ 화물관리번호		⑦ 반입일	⑧ 징수형태

⑨ 신 고 자	⑭ 통관계획	⑱ 원산지증명서 유무	⑳ 총중량
⑩ 수 입 자			
⑪ 납세의무자 (주　소) (상　호) (성　명)	⑮ 신고구분	⑲ 가격신고서 유무	㉑ 총포장개수
	⑯ 거래구분	㉒ 국내도착항	㉓ 운송형태
⑫ 무역대리점	⑰ 종류	㉔ 적출국	
⑬ 공 급 자		㉕ 선기명	
	㉖ MASTER B/L 번호		㉗ 운수기관부호

㉘ 검사(반입)장소

● 품명·규격(란 번호/총란수 :)

㉙ 품명 ㉚ 거래품명			㉛ 상표		
㉜ 모델·규격	㉝ 성분	㉞ 수량		㉟ 단가	㊱ 금액

㊲ 세번부호	㊴ 순중량		㊷ C/S 검사		㊹ 사후확인기관
㊳ 과세가격(CIF)	㊵ 수량		㊸ 검사변경		
	㊶ 환급물량		㊺ 원산지표시	㊻ 특수세액	

㊼ 수입요건확인 (발급서류명)						
㊽ 세종	㊾ 세율(구분)	㊿ 감면율	○51 세액	○52 감면분납부호	감면액	* 내국세종부호
xx						
xx						
xx						
xx						
xx						

○53 결제금액(인도조건-통화종류-금액-결제방법)				○55 환율	
○54 총과세가격	○56 운임		○58 가산금액	○63 납부번호	
	○57 보험료		○59 공제금액	○64 부가가치세과표	

○60 세종	○61 세액	※ 관세사기재란	○65 세관기재란
관세			
특소세			
교통세			
주세			
교육세			
농특세			
부가세			
신고지연가산세			

○62 총세액합계	○66 담당자	○67 접수일시	○68 수리일자

관세의 신고와 납부

　관세는 수입물품에 부과되는 세금으로서 품목, 상대국가 및 관련 협정 등에 따라 각기 다른 관세율이 적용된다. 품목별로 구체적인 관세율은 품목별수출입요령에서 확인할 수 있다.

　관세부과의 기준이 되는 가격을 과세표준가격이라고 하며, 우리나라의 경우 CIF 조건의 가격을 과세표준가격으로 한다. 따라서 실제 거래가 다른 거래조건으로 이루어졌다고 하더라도 CIF 조건으로 환산한 가격을 기준으로 관세가 부과된다.

　수입품에는 관세 외에 품목에 따라 부과되는 개별소비세, 교통 · 에너지 · 환경세, 주세, 교육세, 농어촌특별세 및 부가가치세 등의 내국세가 부과되며 부과대상 및 세금산출식은 다음과 같다.

세금명	부과대상	세금산출식
개별소비세	사치성품목, 자동차, 휘발유	(과세가격 + 관세) x 개별소비세율
주세	주정 및 각종 주류	주정: 주정의 수량 x 주세율 주류: (과세가격 + 관세) x 주세율
교육세	개별소비세, 주세 납부품목	개별소비세액, 주세액 x 교육세율
농어촌특별세	관세감면물품, 개별소비세 납부물품	(감면세액 또는 개별소비세납부물품) x 농어촌특별세율
부가가치세	모든 수입품	(과세가격 + 관세 +기타세금) x 10%

관세환급

관세환급이란 수입할 때 납부했던 세금을 돌려주는 것으로서 관세환급 시에는 관세뿐만 아니라 수입 시 납부한 모든 세금을 돌려준다. 수입 시 납부한 모든 세금에는 개별소비세, 주세, 교육세, 부가가치세 등이 포함되지만 부가가치세는 부가가치세 신고 후 자동적으로 환급되므로 관세환급 시에는 부가가치세를 제외한 나머지 모든 세금을 돌려주게 된다.

관세환급의 종류에는 착오로 더 많이 징수한 관세를 돌려주는 과오납환급, 계약내용과 상이한 물품 등에 대한 관세환급 및 환급특례법에 의한 수출용원재료에 대한 환급 등이 있다. 일반적으로 관세환급이라고 하면 수출용원재료에 대한 환급을 뜻하며 주된 내용은 다음과 같다.

》 환급조건

환급대상이 되기 위해서는 원재료의 수입신고수리일로부터 2년 이

내에 제조 · 가공하여 제품을 생산한 후 수출한 날로부터 2년 이내에 환급을 신청하여야 한다.

관세환급을 받을 수 있는 수출용원재료라 함은 해당 수출품을 형성하거나 수출품을 형성하는 데 소비되는 것으로서 그 소요량을 객관적으로 산출할 수 있는 원재료를 뜻한다. 따라서 수출품의 생산에 사용되는 기계 및 설비, 공구, 금형, 연료 등은 수출용원재료에 해당되지 않는다.

수출용원재료는 수입 시 관세를 납부한 물품이라면 물품대금을 지급하는 유환수입물품은 물론 물품대금을 지급하지 않고 수입되는 무환수입물품까지도 환급대상이 될 수 있다.

또한 우리나라에서 제조 · 가공하지 않고 수입된 상태 그대로 수출한 경우에도 수입 시에 납부한 관세를 환급받을 수 있다.

≫ 환급방법

관세환급금의 산출방법은 개별환급과 정액환급으로 나누어진다.

① 개별환급

개별환급이란 수출품을 제조 · 가공할 때 사용한 원재료의 수입 시 납부한 관세 등의 세액을 사용한 원재료별로 확인 · 계산하여 환급금을 산출하는 방식을 뜻한다.

개별환급을 받기 위해서는 수출품 생산에 소요된 수입원재료의 품명, 규격, 수량을 확인해주는 소요량계산서와 원재료를 수입할 때 납부한 관세 등의 세액과 해당 수출품이 수출되었다는 것을 증명할 수 있는 서류를 제출해야 한다.

수출용원재료를 수입할 때 납부한 관세 등의 세액을 증명하기 위해서는 수입신고필증, 분할증명서, 기초원재료납세증명서, 평균세액증명서 등을 제출해야 하고, 수출 여부를 증명하기 위해서는 수출신고필증을 제출해야 한다.

이와 같이 개별환급방식은 수출품을 생산하는 데 어떤 원재료가 얼마만큼 사용되었으며 해당 원료를 수입할 때 납부한 관세가 얼마인지를 일일이 확인해서 환급금을 계산하므로 환급금액을 정확하게 산출할 수 있다는 장점이 있으나, 구비서류가 복잡하고 환급금 산출에 많은 시간이 소요된다는 문제점이 있다.

② 간이정액환급

간이정액환급이란 수출품목별로 환급해줄 금액을 미리 정하여 간이정액환급률표를 작성해놓고 해당 물품을 수출하고 수출신고필증만 제시하면 소요원재료별 납부세액을 일일이 계산하지 않고 간이정액환급률표에 기재된 환급금액을 그대로 환급해주는 방식이다.

간이정액환급제도는 중소기업체가 간편하게 관세환급을 받을 수 있도록 운영하는 제도로서 환급금 계산이나 관세납부와 관련한 복잡한 절차나 서류의 구비 없이 간편하게 관세환급을 받을 수 있다는 장점이 있으나, 개별환급방식에 비해 환급금이 적을 수 있고 간이정액환급률표에 기재된 품목이 많지 않다는 문제점이 있다.

수출업체의 입장에서 간이정액환급방식에 의한 환급금액이 개별환급방식에 의한 환급액보다 적은 경우에는 정액환급 비적용신청을 할 수 있다. 비적용승인을 받은 수출업체는 간이정액환급률표에 기재된 모든 품목에 대해서 적용이 배제되고 품목별 선별 비적용은 인정되지 않는다.

개별환급방식으로 관세를 환급받기 위해서는 준비해야 하는 서류도 많고 환급절차도 복잡하지만 관세환급과 관련한 모든 업무는 관세사가 처리해주므로 걱정할 필요는 없다. 다만 수출자로서는 관세를 환급받을 수 있다는 사실을 기억하고 수출원가에 반영함으로써 가격경쟁력을 확보하는 데 만전을 기할 필요가 있다.

원산지관리제도

원산지란 물품이 성장, 생산, 제조 또는 가공된 국가를 의미하며 원산지별로 각기 다른 통관규정이나 관세율이 적용될 수 있다. 원산지를 판정하는 기준은 국가나 품목에 따라 달라지므로 별도로 확인해야 한다. 우리나라에서의 원산지관리는 원산지판정제도, 원산지표시제도, 원산지확인제도로 나누어지며 구체적인 내용은 다음과 같다.

❯❯ 원산지판정제도

원산지판정기준에 따라 물품의 원산지가 어디인지를 판정하는 것으로서, 원산지판정기준은 물품의 전부를 생산, 가공, 제조한 나라를 원산지로 하는 완전생산기준을 원칙으로 하나, 2개국 이상에 걸쳐 물품이 생산, 가공, 제조된 경우에는 물품의 본질적 특성을 부여하기에 충분한 정도의 실질적인 생산, 가공, 제조 과정이 최종적으로 수행된 나라를 원산지로 한다.

또한 물품이 원산지가 아닌 국가를 경유하지 않고 직접 우리나라에 운송, 반입된 물품에 한하여 원산지를 인정하되, 지리적 운송상의 이유로 원산지가 아닌 국가를 단순 경유하는 경우로 원산지가 아닌 국가에서 환적되는 경우에는 우리나라로 직접 반입한 것으로 본다.

≫ 원산지표시제도

최종소비자를 보호하기 위하여 개별 물품에 원산지를 표시토록 하는 것으로서, 모든 수입물품은 물품 자체에 원산지를 표시하는 것이 원칙이나 해당 물품에 원산지를 표시하는 것이 불가능한 경우에는 해당 물품의 포장이나 용기 등에 원산지를 표시할 수 있다. 또한 수입 후 실질적 변형을 일으키는 제조공정에 투입되는 부품 및 원재료로서 실수요자가 직접 수입하는 것과 같이 특별한 경우에는 원산지표시를 면제받을 수 있다.

원산지표시는 한글, 한자 또는 영문으로 하여야 하며, 원산지: 중국, 中國産, MADE IN CHINA, PRODUCT OF CHINA 등과 같이 표시한다.

수입세트물품의 경우 해당 세트물품을 구성하는 개별 물품들의 원산지가 2개국 이상인 경우에는 개별 물품에 각각의 원산지를 표시하고, 세트물품의 포장이나 용기에는 Made in China, India와 같이 개별 물품이 원산지를 모두 나열해서 표시하여야 한다.

» 원산지확인제도

관세법, 조약, 협정 등에 의하여 원산지에 따라 특혜관세율이 적용되거나 관세가 면제되는 경우 또는 별도의 통관규정이 적용되는 경우에 해당 물품의 원산지를 확인하는 제도로서, 원산지확인대상품목을 수입할 때는 해당 물품의 원산지를 증명할 수 있는 원산지증명서(Certificate of Origin)를 제출하여야 한다.

원산지증명서는 수입신고일로부터 1년 이내에 발행된 것이라야 하며, 원산지국가의 세관이나 상공회의소 기타 발급권한이 있는 기관에서 발행한 것이라야 한다.

특혜관세를 적용받거나 면세받고자 하는 경우에는 해당 특혜적용 내역에 따라 각각 GSP원산지증명서, GSTP원산지증명서, APTA원산지증명서, FTA원산지증명서 등 해당 특혜 내역에 적합한 원산지증명서를 제출해야 한다.

원산지국가에서 바로 수입되지 아니하고 제3국을 경유하여 수입된 물품에 대하여 그 제3국의 세관 기타 발급권한이 있는 기관 또는 상공회의소가 확인 또는 발행한 경우에는 원산지 국가에서 해당 물품에 대하여 발행된 원산지증명서를 기초로 하여 원산지국가를 확인 또는 발행한 것이라야 한다.

검역제도

검역제도란 수출입화물의 이동에 따른 전염병의 확산을 방지하기 위한 제도로서 동물검역, 식물검역, 목재화물포장에 대한 검역 등이 있으며 주요 내용은 다음과 같다.

≫ 동물검역제도

동물 및 축산물의 수출입 시 가축전염병이 유입되거나 유출되는 것을 방지하기 위하여 시행하는 제도로서, 우리나라에서는 가축전염병예방법에 따라 검역이 이루어진다.

검역대상물로 지정된 동물이나 축산물을 수입하기 위해서는 수출국 정부기관에서 발행한 검역증명서를 제출하여야 하며, 지정된 장소에서 검역을 받아야 한다.

» 식물검역제도

식물의 수출입거래 시 병균과 해충이 외국으로 나가거나 외국에서 들어오는 것을 방지하기 위해서 시행하는 제도로서, 우리나라에서는 식물방역법에 따라 검역이 이루어진다.

병해충을 확산할 우려가 있는 식물에 대한 검사, 이동 금지나 제한, 소독 등의 조치가 이루어지며, 흙과 흙이 부착된 식물은 수입을 금지한다.

» 목재포장재 검역제도

수출입화물을 통한 병해충의 유입 및 확산을 막기 위해서 2002년에 목재포장재의 검역에 관한 국제기준이 마련되었으며, 우리나라에서는 수입화물의 포장재가 활엽수나 침엽수일 경우 소독 처리해야만 수입할 수 있다. 단 합판, 베니어패널, 파티클보드, 배향성 스트랜드보드, 웨이퍼보드, 섬유판, 고밀도화 목재, 집성재, 응집코르크, 목분, 코르크분, 펄프 등은 제외된다.

소독처리방법은 HT(Heat Treatment, 열처리) 또는 MB(Methyl Bromide, 훈증)방법을 사용하며, 소독처리에 대한 증명으로 소독처리마크를 부착해야 한다.

수출화물에 목재포장재를 사용하는 경우에는 수입국의 목재포장재 수입검역요건에 따라 소독을 하고, 소독작업결과서를 발급받아야 한다. 수입국에서 위생증명서를 요구하지 않는 경우에는 소독처리마크를 표시하여 수출하면 되고, 위생증명서를 요구하는 경우에는 소독작업결과서를 첨부하여 식물검역소에 수출식품검사를 신청하여 소독처리 내용이 부기된 위생증명서를 발급받아야 한다.

병행수입제도

병행수입(parallel import)이란 국내독점판매권을 갖고 있지 않은 일반 수입업체가 외국에서 적법하게 유통되는 상품을 국내로 들여오는 것을 뜻하며, 우리나라에서는 수입 공산품의 가격 인하를 유도하기 위해 1995년 11월부터 일부 예외규정을 두고 병행수입을 허용하고 있다.

병행수입을 하기 위해서는 해당 물품의 상표가 상표권자 또는 사용권자에 의해 적법하게 부착된 진정상품이어야 하고, 해당 물품에 부착된 상표의 국내외 상표권자가 동일인 관계에 있거나, 외국의 상표권자가 동일인 관계에 있는 국내상표권자로부터 전용사용권을 설정받고 있어야 한다.

상표권의 국내전용사용권을 가지고 있는 자가 수입은 하지 않고 제조 · 판매만 하는 경우에는 병행수입이 허용되지 않는다.

FTA

FTA란 Free Trade Agreement의 약자로서 협정을 체결한 국가 간의 상품 및 서비스 교역에 대한 관세 및 무역장벽을 철폐함으로써 배타적인 무역특혜를 부여하는 협정을 뜻한다.

FTA 체결국으로부터 수입한 물품에 대해서 관세특혜를 받기 위해서는 FTA 협정에서 규정한 원산지판정기준에 부합해야 하고 수입통관 시 원산지증명서를 제출해야 한다.

우리나라에서는 원산지증명 능력이 있다고 인증한 수출자에게 원산지증명서발급절차 또는 첨부서류 제출 간소화 혜택을 부여하는 인증수출자제도를 운영하고 있으며, 모든 협정, 모든 품목에 대해서 혜택을 부여하는 업체별 원산지인증수출자와 인증받은 협정별, HS 6단위에 대해서만 혜택을 부여하는 품목별 원산지인증수출자제도를 구분하고 있다.

또한 FTA 협정 또는 국내법에서 정한 원산지요건(원산지결정기준, 원산지증빙서류 등) 충족 여부를 확인하고 세재조치를 취하기 위하여 원산지검증제도를 운영하고 있으며, 원산지증명서 양식 및 발급주체 적정 여부, 협정세율 적용대상 품목 및 세율의 적정성 등을 검증한다.

　FTA와 관련한 보다 상세한 자료와 협정별 원산지판정기준 및 원산지증명서 발급주체, 발급절차, 양식 등에 대해서는 산업통상자원부에서 운영하는 FTA포털(www.fta.go.kr), 한국무역협회에서 운영하는 FTA종합지원센터(http://okfta.kita.net), 관세청에서 운영하는 FTA포털(http://yesfta.customs.go.kr) 등에서 확인할 수 있다.

Review & Tips

　수출입신고서 작성에서부터 관세통관업무까지 통관 관련 제반 업무는 관세사가 대신 처리해주므로 구체적인 내용을 모르더라도 통관 업무를 처리하는 데 문제가 없다. 다만 아이템이 정해지면 해당 아이템이 세관의 수출입심사과정에서 문제가 되거나 별도의 허가나 승인을 요구하는지를 사전에 확인해두어야 한다. 같은 아이템이라 하더라도 수출통관보다는 수입통관규정이 좀 더 까다로운 편이며, 품목별수출입요령은 한국무역협회 웹사이트(www.kita.net)에서 제공하는 품목별수출입요령 메뉴에서 확인할 수 있다.

Chapter 10
무역클레임

무역클레임의 정의

무역클레임이란 무역계약의 당사자 중 한쪽에서 계약을 이행하지 않음으로 해서 발생하는 손해를 보상받기 위해서 피해자가 손해배상을 청구하는 권리 또는 그와 같은 권리를 행사하는 것을 뜻한다.

무역클레임은 다양한 계약조건을 대상으로 제기되지만 가장 대표적인 것이 수출자가 선적한 물품의 품질이나 수량에 이상이 있는 경우다. 수입자의 입장에서 물품이 도착하면 가급적 빨리 물품을 검사해서 이상이 있으면 즉시 수출자에게 통지하고 손해배상을 청구해야 한다.

무역클레임의 제기기간은 나라마다 다르고 애매하게 규정되어 있는 경우가 많으므로 중요한 무역거래에 대한 계약을 체결할 때는 별도로 명시해두는 것이 좋다.

무역클레임의 해결방안

　일단 무역클레임이 발생하면 당사자 간에 우호적으로 해결하는 것이 바람직하다. 클레임을 우호적으로 해결함으로써 향후 지속적인 거래관계 유지가 가능하기 때문이다. 그러기 위해서는 피해자가 손해배상 청구권을 포기하거나 당사자 간의 협의를 통해서 화해를 해야 한다.

　당사자 간에 원만한 해결이 이루어지지 않으면 제3자의 개입에 의해서 클레임을 해결해야 한다. 제3자의 개입에 의한 해결방법으로는 알선, 조정, 중재, 소송 등이 있는데 이 중 알선이나 조정은 구속력이 약해서 이들 방법으로도 해결이 되지 않으면 최종적으로 소송 또는 중재를 통해서 문제를 해결할 수밖에 없다.

　소송이란 사법기관의 판정에 따라 분쟁을 해결하는 방식이고 중재란 민간기관인 상사중재원의 판정에 따르는 것이다. 피해자의 입장에서 보면 상사중재를 통해서 분쟁을 해결하는 것이 유리한데 그 이유는 첫째, 삼심제가 적용되는 소송에 비해 단심제로 운영되는 상사중재가 상대적으로 빠른 시일 내에 해결이 가능하고, 둘째, 변호사를 선임할 필요가 없는 중재가 비용 면에서도 유리하며, 마지막으로 유엔에서 제정한 뉴욕협약(New York Convention)에 의거 중재판정의 효력은 법원의 확정판결과 동일하고 외국에서도 강제집행이 보장되어 자국에서만 효력이 보장되는 소송보다 효력의 범위가 더 넓기 때문이다.

다만 상사중재로 분쟁을 해결하기 위해서는 당사자 간에 중재판정에 따른다는 합의를 해야 한다. 중재합의는 분쟁이 발생한 후에 할 수도 있으나 일단 분쟁이 발생하면 문제를 일으킨 측에서 중재합의에 동의하지 않을 가능성이 높으므로 사전에 다음과 같은 내용으로 중재합의를 해두는 것이 좋다.

All disputes, controversies or differences which may arise between the parties, out of or in relation to or in connection with this contract, or for the breach thereof, shall be finally settled by arbitration in Seoul, Korea in accordance with The Arbitration Rules of The Korean Commercial Arbitration Board and under the Laws of Korea.

The award rendered by the arbitrator(s) shall be final and binding upon both parties concerned.

중재합의는 서면으로 이루어져야 하며 중재지, 중재기관, 준거법 등의 3요소를 포함해야 한다.

우리나라의 중재기관으로는 대한상사중재원이 있으며 중재와 관련한 보다 자세한 내용은 대한상사중재원 웹사이트(www.kcab.or.kr)에서 확인할 수 있다.

Review & Tips

금액이 크지 않은 일반적인 무역거래의 경우 가격이나 결제방식과 같은 간단한 계약조건만을 명시한 proforma invoice나 purchase order만으로 거래를 진행하는 것이 일반적이기 때문에 실제로 분쟁이 발생했을 때 소송이나 중재와 같은 절차를 통해서 문제를 해결하기가 쉽지 않다. 따라서 금액이 크지 않은 무역거래 시엔 가급적 분쟁이 발생하지 않도록 사전에 예방하는 것이 중요하며 일단 분쟁이 발생하면 상대방을 설득해서 피해를 최소화하는 선에서 합의하는 것이 바람직하다. 반면에 금액이 크거나 장기계약의 경우에는 가급적 계약서에 중재조항을 포함시켜서 분쟁발생 시에 소송보나는 숭재로 문제를 해결하는 것이 바람직하다.

Chapter 11
실전을 위한 무역실무

중계무역과
중개무역의 차이

중계무역은 중계무역상이 최종수입자, 제3국 공급자와 각각 별도의 계약을 체결하고 제3국 공급자로부터 물품을 구입해서 최종수입자에게 수출하는 방식이다. 이때 물품은 중계무역상이 소재한 국가를 경유할 수도 있고 공급자가 소재한 제3국에서 최종수입자가 소재한 국가로 직접 운송될 수도 있다.

중개무역은 중개무역상이 최종수입자와 제3국 공급자와의 무역거래를 알선해주고 커미션을 받는 방식으로 진행되며 실제 무역거래는 최종수입자와 제3국 공급자 간에 직접 이루어진다. 중개무역상은 무역계약의 주체가 아니며 무역계약에서부터 대금결제, 선적에 이르기까지 모든 업무는 거래당사자 간에 직접 이루어지고 중개무역상의 역할은 중간에서 이러한 업무가 원만하게 이루어질 수 있도록 조율하는 데 국한된다.

중계무역에서 최종수입자와 제3국 공급자 간의 직거래를 막기 위한 방안

신용장방식으로 중계무역을 하기 위해서는 최종수입자가 개설한 원신용장을 제3국 공급자에게 양도하든가, 별도의 신용장을 제3국 공급자 앞으로 개설해주어야 한다. 이때 문제가 되는 것이 최종수입자와 제3국 공급자가 서로 상대방이 누구인지를 알게 되어서 직거래를 시도할 수 있다는 것인데, 이런 문제는 다음과 같은 방법으로 해결할 수 있다.

① 제3국 공급자에게 원신용장 조건이 노출되는 것을 방지하고 서류대체에 따르는 시간을 확보하기 위하여 금액, 단가, 선적기일, 유효기일, 서류제시기일 등의 조건을 단축 또는 감액하여 양도한다.

② 최종수입자에게 제3국 공급자가 노출되는 것을 방지하기 위해서 제3국 공급자가 보내온 상업송장, 포장명세서, 환어음 등의 서류를 중계무역상이 금액 등을 변경하여 자기 명의로 재발행

한다.

③ 제3국 공급자가 보내온 B/L을 선박회사에 반납하고 중계무역상을 shipper로 하는 새로운 B/L을 발급(이런 방식을 switch B/L이라고 함)받아서 제출한다.

④ notify party를 중계무역상으로 지정함으로써 제3국 공급자에게 최종수입자가 노출되는 것을 방지할 수 있다. (중계무역상을 notify party로 하여 발행된 B/L을 스위치할 때 notify party를 최종수입자명으로 변경함)

⑤ 제3국에서 발행된 원산지증명서를 대한상공회의소에 제출하고 중계무역상을 shipper로 하는 새로운 원산지증명서를 발급(이때 원산지 증명서상의 원산지는 제3국으로 표시됨)받아서 제출한다.

⑥ 부보비율을 원신용장 금액에 맞게 늘린다. 예를 들어 원신용장 금액이 10만 달러이고 부보비율이 110%인데 양도신용장 금액은 8만 달러라면 부보비율을 138%로 늘린다. 이 경우 제3국 공급자가 부보비율을 보고 원신용장의 금액을 유추하는 것을 막을 수는 없다.

⑦ 제3국 공급자에게 최종수입자가 노출되는 것을 방지하기 위해

서 applicant를 제1수익자(중계무역상) 명의로 바꿀 수 있으나, 원 신용장에서 applicant의 명의가 송장 이외의 서류에 표시되도록 요구하는 경우에는 노출을 피할 수 없다.

⑧ 양도신용장방식으로 거래하는 것이 여의치 않을 경우 최종수입 자가 개설한 신용장을 근거로 별도의 L/C(sub L/C)를 개설한다.

⑨ Sub L/C에서는 CFR조건으로 가격을 정하고 보험은 중계무역상 이 가입함으로써 부보비율 조정에 따라 제3국 공급자가 원신용 장의 금액을 유추하는 것을 방지할 수 있다.

인코텀즈의 실무적 이해

인코텀즈에서는 11가지 정형거래조건별로 수출자와 수입자의 의무를 구체적으로 명시해놓았지만 무역현장에서는 인코텀즈에서 정한 규정대로 적용하지 않는 경우가 많다. 대표적인 경우는 다음과 같다.

① 인코텀즈에서는 FOB, FAS, CFR, CIF 4가지 조건을 해상운송 전용규칙으로 규정해놓았지만 현장에서는 이들 조건을 운송방식과 상관없이 사용하고 있다. 즉 FOB Incheon Airport나 CIF New York Airport 등과 같은 조건은 인코텀즈 규정에 따르면 맞지 않는 조건이지만 현장에서는 광범위하고 사용되고 있다.

② 인코텀즈에서는 컨테이너 운송의 경우 FOB 대신에 FCA, CFR 대신에 CFR, CIF 대신에 CIP를 사용하도록 하고 있으나 현장에서는 이를 무시하고 컨테이너운송의 경우에도 대부분 FOB, CFR, CIF 조건을 사용하고 있다. 인코텀즈에서 FOB, CFR, CIF 등과 같은 조건을 컨테이너운송에 사용하지 말도록 하는 이유

는 인코텀즈 규정에 따라 이들 조건으로 계약하면 물품을 선박에 적재하여 인도해야 하지만 실제로는 컨테이너터미널에 있는 CY(컨테이너야적장)에서 물품의 인도가 이루어지기 때문이다. 따라서 컨테이너운송을 FOB BUSAN 조건으로 계약하면 실제로는 FCA BUSAN CY 조건을 사용한다고 이해하면 된다.

③ 인코텀즈 규정에 따르면 FOB 조건에서는 물품이 선박에 적재될 때까지의 비용을 수출자가 부담해야 하지만 컨테이너운송의 경우 컨테이너운임에 선적비용이 포함되어 있어서 컨테이너운임을 부담하는 수입자가 선적비용을 부담하는 것이 상례다.

④ 품목에 따라서는 인코텀즈에서 규정하지 않은 변형조건을 사용하기도 한다. 대표적인 것이 철강의 경우 사용하는 FOB ST LSD (Stowed and Trimmed, Lashing/Securing/Dunnaging)라는 조건으로서 FOB 조건에서는 수출자가 물품을 선박에 적재할 때까지의 위험과 비용을 부담하지만 FOB ST LSD 조건에서는 선박에 물품을 적재하고 잘 정돈해서 고정시키는 작업까지를 수출자가 책임진다.

⑤ 수입의 경우에는 외국의 수출업자가 부가세를 환급받을 수 없는 문제를 해결하기 위해서 DDP 조건 대신에 DDP VAT EXCLUDED와 같이 변형된 조건을 사용한다. 원래 인코텀즈 규

정에 따르면 DDP 조건의 경우 수출자가 수입국에서 납부해야 하는 모든 세금(부가세 포함)을 부담해야 하지만 국내에 사업자등록이 되어 있지 않은 외국의 수출자가 부가세를 납부할 경우 환급을 받을 수 없어서 부가세만큼 가격이 비싸지는 결과를 초래한다. 이런 문제를 해결하기 위해서 수출자가 부담해야 하는 수입 관련 세금 중에서 부가세를 제외시키는 DDP VAT EXCLUDED라는 변형조건을 사용한다.

⑥ 간혹 C&F라는 조건명을 사용하는 경우가 있는데 C&F라는 조건명은 CFR로 바뀌었으므로 실무에서 C&F라는 조건명이 나오면 CFR과 같은 조건이라고 이해하면 된다.

⑦ 인코텀즈가 개정되면서 조건명이 바뀌기도 하지만 현장에서는 개정되기 전의 명칭을 그대로 사용하는 경우가 있다. 대표적인 것이 DDU인데 실무에서 DDU라는 조건명이 나오면 DAP로 바뀌었다고 이해하면 된다.

Usance L/C 방식에서
이자부담의 주체 및 대금결제시기

Usance L/C 방식의 거래는 유선스 기간 동안의 이자를 누가 부담하느냐에 따라서 수출자가 이자를 부담하는 shipper's usance L/C와 수입자가 이자를 부담하는 banker's usance L/C로 나누어진다.

Shipper's usance L/C 방식의 경우 수출자는 유선스이자를 반영한 신용장금액을 유선스 기간이 경과한 후에 지급받거나 은행과 별도의 약정을 맺고 선적 즉시 유선스이자를 제한 금액을 지급받을 수도 있다. Banker's usance L/C 방식의 경우에는 수입자 측에서 이자를 부담하기 때문에 수출자는 at sight L/C와 마찬가지로 선적 즉시 L/C 금액 전액을 지급받을 수 있다.

수입자 입장에서 보면 shipper's usance L/C나 banker's usance L/C 모두 유선스 기간이 경과한 후에 대금을 결제하면 된다. 다만 shipper's usance L/C인 경우에는 신용장금액만 결제하면 되고 banker's usance L/C인 경우에는 이자만 선지급하고 원금은 만기에 결제하거나, 원금과 이자를 함께 만기일에 설제할 수도 있다.

신용장이 잘못 개설되었을 때 처리방법

　신용장이 도착하면 수출자는 신용장에 명시된 조건을 꼼꼼히 점검해서 계약내용과 다르거나 지급거절의 빌미로 악용될 소지가 있는 조항이 발견되면 수입자에게 해당 조항을 삭제하거나 수정해달라고 요청해야 한다. 신용장은 한번 개설되면 당사자 전원의 합의가 없이는 취소할 수 없으나 일부조항을 삭제하거나 수정하는 것은 가능하다. 이런 것을 amend한다고 하고 수출자의 입장에서 문제조항에 대한 amend를 요청하는 것은 당연한 권리다.

　시장상황이 변해서 수입자가 지급거절의 빌미로 사용할 수 있는 독소조항은 다음과 같다.

① 선적지시를 받은 후에 선적할 수 있다.
② 매입을 허용하는 조건변경을 받은 후에 매입할 수 있다.
③ 수입자가 견본품을 승인한 후에 선적되어야 한다.
④ 상품을 인수한 후 신용장대금의 전부 또는 일부가 지급된다.
⑤ 수출국에 소재하지 않는 영사의 인증을 요구

⑥ 선적일자 후 서류제시기간을 매우 촉박하게 요구

⑦ 도착지에서 물품이 무사히 통관되면 지급한다.

앞에 언급한 것과 같은 조항이 포함된 신용장이 접수되면 수입자에게 해당 조항이 삭제 또는 수정될 수 있도록 amend해달라고 요청해야 한다.

신용장대금의 은행 간 결제방식

개설은행이 매입은행에 신용장대금을 지급하는 방법에는 송금방식(remittance)과 상환방식(reimbursement)이 있다.

송금방식이란 개설은행이 서류를 받은 후 서류에 하자가 없으면 매입은행이 지정한 계좌로 대금을 송금하는 방식이다.

상환방식이란 상환은행(reimbursement bank)을 통해서 대금결제가 이루어지는 방식으로 매입은행은 서류는 개설은행으로 보내고 대금요청은 상환은행에 한다.

'T/T reimbursement allowed'는 매입은행에서 대금을 청구할 때 전신(T/T)으로 하는 것을 허용한다는 뜻이며, 'T/Treimbursement not allowed'는 전신으로 대금을 청구하는 것을 허용하지 않고 개설은행에서 서류심사 결과 이상이 없음을 확인한 후에 지급한다는 뜻이다.

신용장 관련 수수료의 종류 및 내역

신용장 관련 수수료는 은행별로 차이가 있으며 동일한 은행이더라도 거래처의 신용도 등에 따라 차등하여 적용할 수 있다. 신용장거래와 관련하여 은행에서 징수하는 주요 수수료는 다음과 같다.

① 개설수수료(L/C opening charge)

개설은행에서 수입자를 대신하여 대금지급을 확약하는 데 따르는 보증료 성격으로 징수하는 수수료

② 통지수수료(advising commission)

통지은행에서 수출자에게 신용장을 통지할 때 징수하는 수수료

③ 확인수수료(confirmation charge)

확인은행에서 별도의 지급확약을 해주는 대가로 징수하는 수수료

④ 환가료(exchange commission)

매입은행이 수출자에게 미리 신용장대금을 지급하고 개설은행으로부터 동 대금을 수취할 때까지의 기간에 대해서 이자 성격으로 징수하는 수수료

⑤ 상환수수료(reimbursement charge)

상환은행이 매입은행에 대금을 지급하는 대가로 징수하는 수수료

⑥ 미입금수수료(less charge)

환어음의 매입 시 매입은행에서 예상치 못했던 수수료가 해외은행으로부터 징수된 경우에 수출자로부터 추징하는 수수료

⑦ 지연이자(delay charge)

수출의 경우 개설은행으로부터 대금의 입금이 지연되거나, 수입의 경우 수입자의 대금지급이 지연될 경우 징수하는 수수료

⑧ 대체료(in lieu of exchange commission)

외화계정으로 입출금을 할 경우 은행에서 외국환매매에 따르는 이익을 얻을 수 없는 것을 보전하기 위해서 징수하는 수수료

UCP(신용장통일규칙)와 ISBP(국제표준은행관행)의 이해

UCP는 Uniform Customs and Practice for Documentary Credits의 약어로서 신용장통일규칙이라고 부른다. 신용장통일규칙은 신용장 조건의 해석기준을 통일하기 위해서 국제상업회의소(ICC)에서 제정하였다. 신용장통일규칙은 UN에서 제정한 강행법규가 아닌 임의규정이기 때문에 신용장거래당사자를 구속하기 위해서는 신용장에 화환신용장통일규칙을 적용한다는 준거문언이 삽입되어야 한다.

ISBP는 International Standard Banking Practice for the Examination of Documents under documentary Letters of Credit의 약어로서 국제표준은행관행이라고 부른다. ISBP는 UCP의 해설서로서 UCP가 적용되는 신용장에서 서류를 준비하는 수출자에게 서류작성을 위한 지침을 제공하고 서류를 심사하는 은행원에게 적격 여부의 판단기준을 제공하는 지침서 역할을 한다.

UCP와 ISBP 전문을 마스터하지 않아도 신용장업무를 수행하는 데 큰 문제는 없으나 신용장업무를 처리하는 과정에서 애매한 상황이 발생하면 UCP나 ISBP에 관련 규정이 있는지를 확인해볼 필요가 있다. UCP 규정 중에서 실무적으로 중요한 조항은 다음과 같다.

① 은행은 제시된 서류가 일치하는지를 서류제시일의 다음 날로부터 기산하여 최장 5은행영업일 이내에 결정해야 한다.

② 선적서류는 선적일로부터 21일 이내에 제시되어야 하며, 어떠한 경우라도(21일 이내라고 하더라도) 신용장유효기일이 지난 후에 제시되어서는 안 된다.

③ 서류는 신용장 개설일 이전 일자에 작성된 것일 수 있으나 제시일자보다 늦은 날짜에 작성되어서는 안 된다.

④ 서류에 표시된 선적인(shipper)은 신용장의 수익자(beneficiary)일 필요는 없다.

⑤ 유효기일이 은행이 영업을 하지 않는 날인 경우 그다음 첫 은행영업일까지 연장된다.

⑥ 최종선적기일은 은행이 영업을 하지 않는 날이라도 연장되지 않는다.

한편 ISBP에서는 다음과 같은 약어나 철자의 오류는 서류상 하자로 간주하지 않는다고 규정하고 있다.

"Ltd" instead of "Limited", "Int'l" instead of "International", "Co" instead of "Company", "kgs" or "kos" instead of "kilos", "Ind" instead of "Industry", "mfr" instead of "manufacturer" or "mt" instead of "metric tons"

"mashine" instead of "machine", "fountan pen" instead of "fountain pen" or "modle" instead of "model"

제시된 서류상의 철자가 신용장에서 명기된 것과 다를 경우, 하자로 간주되는지 여부에 대한 판정은 사안에 따라 달라질 수 있다. 오탈자가 포함된 서류를 제시받은 개설은행은 개설의뢰인이 그러한 서류의 수리를 거절하는 경우, 하자 여부의 판단을 뒤로 미루고 일단 거절을 통보하는 것이 일반적인 업무절차다. 따라서 수익자는 아무리 사소한 오탈자라도 발생하지 않도록 유의하고, 매입은행에서 심사하다가 발견되는 경우 그 경중을 판단하기에 앞서 반드시 고쳐서 제출하는 것이 바람직하다.

사후송금방식과 D/A방식의 차이점

사후송금방식이나 D/A방식 모두 은행에서 대금지급을 보증하지 않는다는 점에서는 같지만 사후송금방식은 수출자가 물품을 선적하고 선적서류를 직접 수입자에게 보내는 반면에 D/A방식에서는 수출자가 물품을 선적하고 선적서류를 은행을 통해서 보낸다는 것이 다르다.

또한 D/A방식에서는 선적서류를 보낼 때 수출자가 수입자를 지급인으로 명시한 환어음을 발행하고 수입자가 선적서류와 함께 환어음을 인수함으로써 만기에 수입자가 결제를 하지 않으면 어음법에 의해서 처벌을 받을 수 있으므로 사후송금방식보다는 좀 더 수입자를 압박하는 효과를 기대할 수 있다.

외상수출채권을
현금화할 수 있는 방법

외상수출방식으로는 사후송금방식, D/A방식, usance L/C방식 등이 있다. 이 중 수입자가 유선스 기간의 이자를 부담하는 banker's usance L/C의 경우에는 수출자의 입장에서 보면 at sight L/C와 마찬가지로 선적 즉시 수출대금을 지급받을 수 있기 때문에 외상수출채권이 발생하지 않는다. 결국 외상수출채권이 발생하는 결제방식은 사후송금방식, D/A방식, shipper's usance L/C방식 등으로 구분할 수 있다.

이 중 사후송금방식은 OA네고(선적 후 선적서류 원본은 수입자에게 직접 보내고 사본을 은행에 제출하고 수출대금을 지급받는 방식)를 통해서, D/A방식은 DA네고(선적 후 선적서류 원본을 은행을 통해서 수입자에게 보내고 은행으로부터 수출대금을 미리 지급받는 방식)를 통해서 선적 즉시 외상수출채권을 현금화할 수 있다.

이와 같은 방식으로 수출채권을 현금화하기 위해서는 사전에 거래은행과 약정을 하고 은행에서 허용하는 한도 내에서 네고가 가능하며 결제만기일에 수입자 측에서 대금결제를 하지 않으면 이미 지급받은 수출대금을 은행에 반납해야 한다.

사후송금방식이나 D/A방식에서는 국제팩토링방식에 의거 수출팩터에서 수출채권을 양도하고 수출대금을 지급받을 수도 있다.

Shipper's usance L/C방식에서는 거래은행과 약정을 하고 선적 즉시 네고할 수도 있고 포페이팅방식을 통해서 포페이터에게 외상수출채권을 양도하고 수출대금을 회수할 수 있다. 두 가지 방식의 차이점은 네고를 통해서 수출대금을 지급받은 경우 만기에 개설은행에서 결제가 되지 않으면 이미 지급받은 수출대금을 매입은행에 반납해야 하지만, 포페이팅방식으로 외상수출채권을 양도한 경우에는 만기에 개설은행에서 결제하지 않더라도 이미 지급받은 수출대금을 반납할 의무가 없다는 것이다.

Original B/L 없이
물건을 인수하는 방법

수입자가 물건을 찾기 위해서는 original B/L이 있어야 하는데 인근 국가 간의 거래에서는 물건이 도착했는데도 불구하고 original B/L이 도착하지 않아서 물건을 찾지 못하는 문제가 발생한다. 이러한 문제는 다음과 같은 방법으로 해결할 수 있다.

① 결제방식이 신용장방식일 때

수입자와 신용장개설은행이 연대하여 original B/L이 도착하는 즉시 제출할 것과 original B/L이 없는 상태에서 물건을 인도했다가 문제가 발생하면 책임지겠다고 약속하는 L/C(Letter of Guarantee)를 선박회사에 제출하고 물건을 인수한다.

② 결제방식이 송금방식일 때

Original B/L을 발행하지 않거나 이미 발행된 경우 선박회사에 반납하고 B/L 사본만으로 물건을 찾을 수 있는 surrendered B/L 방식을 활용하거나, 선하증권(Bill of Lading) 대신 화물인도 시 원본제출을 요구하지 않는 해상운송장(Sea Waybill)을 사용함으로써 original B/L 없이 물건을 인수할 수 있다.

선하증권 및 보험증권의 배서(이서)에 대한 실무적 이해

배서(endorsement)란 권리를 양도하기 위해서 권리증권의 뒷면에 서명하는 것으로서 무역거래에서는 선하증권에 의한 화물의 소유권을 양도하거나 적하보험의 수혜자를 바꾸고자 할 때 배서가 필요하다.

선하증권은 기명식과 지시식으로 나누어지는데, 기명식 선하증권은 수하인(consignee)란에 특정인(수입자)을 명시해서 발행된 선하증권으로서 주로 송금방식의 거래에서 사용된다.

지시식 선하증권은 수하인란에 특정인을 명시하지 않고 to order, to order of shipper, to order of issuing bank와 같은 지시문언을 기재하는 선하증권으로서 배서를 통해서 화물의 소유권을 양도할 수 있다.

신용장방식의 거래에서는 수입자가 대금을 결제하지 않을 경우를 대비해서 배서를 통해 제3자에게 소유권을 양도할 수 있는 지시식 선하증권을 사용한다. 이때 지시문언이 to order나 to order of shipper일 때는 수출자가 배서해서 은행에 제시해야 한다.

배서 시 권리를 양도받을 사람을 명시하지 않고 서명하는 것을 백지배서(blank endorsement)라고 하며, 해당 증권을 소지한 사람이 권리를 행사할 수 있다.

인코텀즈 규정에 따라 보험가입자(수출자)와 보험수혜자(수입자)가 다른 CIF나 CIP 조건으로 신용장방식의 거래를 할 때 수출자가 자신을 피보험자로 하는 적하보험에 가입한 경우 보험회사에서 발행한 보험증권에 백지배서해서 은행에 제출해야 한다.

무역 관련 국제규범의 이해

무역거래와 관련된 다양한 국제규범 중에서 실무적으로 중요한 것으로는 ICC에서 제정한 INCOTERMS와 UCP(신용장통일규칙), UN에서 제정한 New York Convention과 Vienna Convention이 있다.

뉴욕협약(New York Convention)은 1959년에 발효된 United Nations Convention on the Recognition and Enforcement of Foreign Arbitral Awards를 일컬으며, 체약국 내의 중재판정의 결과는 외국에서도 강제집행이 가능하도록 규정해놓았다.

비엔나협약(Vienna Convention)은 1988년에 발효된 United Nations Convention on Contracts for the International Sale of Goods(CISG)를 일컬으며, 모든 국제물품계약에 공통적으로 적용되는 무역계약의 기본법으로서 매도인과 매수인의 권리와 의무를 규정하고 있다.

인코텀즈와 비엔나협약의 차이는 인코텀즈는 정형거래조건별로 각기 다른 규정이 적용되는 데 반해 비엔나협약은 모든 국제물품계약에 공통적으로 적용되며, 인코텀즈에서는 매도인과 매수인의 의무에 대해서만 규정해놓았으나 비엔나협약에서는 상대방이 의무를 이행하지 않았을 때 피해자가 행사할 수 있는 권리에 대해서도 규정해 놓았다는 것이다.

비엔나협약은 총 4편 101조로 구성되어 있으며 청약과 승낙, 매도인과 매수인의 의무, 계약위반과 계약해제를 포함한 구제수단 및 위험의 이전 등에 관하여 규정해놓고 있으나, 법적인 문제 발생 시 비엔나협약의 적용이나 해석과 관련하여 법률전문가의 도움을 받을 수 있으므로 협약의 구체적인 조항까지 마스터하려고 애쓸 필요는 없다.

다만 중요한 계약서 작성 시 준거법(governing law) 조항에 비엔나협약을 준거법으로 명시함으로써 수출자와 수입자가 서로 자국법을 준거법으로 내세우는 데서 오는 갈등을 해소할 수 있다는 사실을 기억해둘 필요가 있다.

수출입원가계산(실습)

원가를 계산하기 위해서는 거래조건별로 인코텀즈에서 규정한 비용의 분담과 운임을 계산하는 방법, 수입관세를 계산하는 방법 등을 정확하게 이해해야 한다. 구체적인 사례를 통해서 수출입원가를 계산하는 방법을 살펴보면 다음과 같다.

》 문제

다음과 같은 조건에서의 수출입원가를 계산하시오(은행수수료 및 기타 비용은 무시).

거래조건: CIF
운송방식: 해상운송
수출품의 수량: 50박스
박스 규격: 가로 60cm, 세로 80cm, 높이 50cm
CBM당 운임: US$50

수입관세율: 10%

공장도가격: US$8,500

수출국내륙운송비: US$200

수출통관비용: US$100

적하보험료: US$100

수출보험료: US$100

수입통관비용(관세 제외): US$100

수입국내륙운송비: US$200

관세환급액: US$100

수출자의 마진: US$500

관세는 수출국에서만 환급되는 것으로 가정

수출입통관비용에는 통관수수료, 창고료, 검사료 등 통관에 따른 제 비용이 포함된 것으로 간주

수입국 통관규정상 관세 외에 부과되는 세금이 없는 것으로 가정

≫ 해설

① 수출원가계산

- 위에 제시한 조건에서 해상운임을 구하려면 우선 수출품의 총 CBM을 구해야 한다. 수출품 1개 박스의 CBM은 박스의 가로, 세로, 높이를 각각 미터로 환산해서 곱하면 된다. 즉 1개 박스의 CBM은 $0.6 \times 0.8 \times 0.5 = 0.24$CBM이다. 수출품의 수량이 50박스이므로 수출품의 총 CBM은 $0.24 \times 50 = 12$CBM이 된다.

  통상 20피트 컨테이너 한 대에 25CBM 정도를 실을 수 있으므로 상기한 수출품은 LCL 화물로 처리해야 한다. LCL 화물의 운임은 총 CBM에 CBM당 운임을 곱하면 되므로 12CBM $\times$ US\$50 = US\$600가 된다.

- CIF 조건의 가격에는 수출국에서 물품을 선적할 때까지의 비용과 목적항까지의 운임과 보험료가 포함되므로 공장도가격(US\$8,500) + 수출국내륙운송비(US\$200) + 수출통관비용(US\$100) + 해상운임(US\$600) + 적하보험료(US\$100) = US\$9,500다.

- 여기에 수출보험료(US\$100)를 더하면 US\$9,600가 된다.

- 관세환급액(US\$100)은 수출 후에 돌려받게 되므로 원가에서 빼야 한다. 따라서 수출자의 마진을 제외한 수출원가는 US\$9,600 − US\$100(관세환급액) = US\$9,500가 된다.

② 수입원가계산

- CIF 조건에서의 수입원가를 구하기 위해서는 수출자에게 지급하는 가격에다 물품이 목적항에 도착한 이후에 발생하는 비용을 더해야 한다.

- 우선 수출자에게 지급하는 가격은 수출원가(US$9,500)에 수출자의 마진(US$500)을 더해서 US$10,000가 된다.

- 물품이 목적항에 도착한 이후에 발생하는 비용으로는 관세를 포함한 수입통관비용, 수입국내륙운송비가 있다.

- 위에 제시된 조건에서 관세는 CIF가격(US$10,000)에 관세율(10%)을 곱하면 되므로 US$10,000 × 10% = US$1,000가 된다.

- 따라서 수입원가는 수출자에게 지급하는 가격(US$10,000) + 관세(US$1,000) + 수입통관비용(US$100) + 수입국내륙운송비(US$200) = US$11,300가 된다.

무역사기수법

서로 다른 국가에 소재하는 수출자와 수입자 간에 거래가 이루어지는 무역현장에는 다양한 사기수법이 존재한다. 무역사기의 희생자가 되지 않으려면 사기수법의 유형과 예방법을 숙지해야 한다. 대표적인 무역사기수법과 예방법은 다음과 같다.

① 샘플사취

바이어를 가장해서 무상으로 샘플을 보내달라고 한 후 샘플만 챙기고 연락을 끊는 수법. 하찮은 물건이라도 반드시 샘플비를 받고 보내줌으로써 예방할 수 있다.

② 가짜송금확인서

실제로 물품대금을 송금하지 않고 가짜송금확인서를 보내면서 즉시 선적해줄 것을 요구하는 수법. 실제로 계좌에 입금된 후에 물건을 선적함으로써 예방할 수 있다.

③ 선생산유도

신용장을 개설할 테니 우선 생산에 착수하고 신용장이 개설되면 물건을 선적하라고 선생산을 유도한 후 막상 생산에 들어가면 신용장개설을 미루면서 물건값을 깎아달라거나 돈을 요구하는 수법. 신용장이 도착한 후에 생산에 착수함으로써 예방할 수 있다.

④ 서류하자트집

신용장방식의 거래에서 서류의 사소한 하자를 트집잡아서 대금지급을 거절하거나 서류를 인수하는 조건으로 별도의 돈을 요구하는 수법. 신용장 접수 후 신용장 조건을 꼼꼼히 점검해서 악용될 소지가 있는 독소조항에 대해서는 삭제 또는 수정해달라고 요청하고 서류를 작성할 때 사소한 하자라도 발생하지 않도록 세심한 주의를 기울임으로써 예방할 수 있다.

⑤ 다른 물건 선적

신용장방식의 거래에서 계약된 물건을 싣지 않고 서류에는 계약된 물건이 실린 것처럼 작성해서 제출하고 수출대금을 챙기는 수법. 선박회사에서 B/L을 발행할 때 직접 물건을 확인하지 않고 은행에서도 서류만 확인하고 대금을 지급하는 관행을 악용하는 사기수법임. 물건을 선적하기 전에 직접 또는 SGS와 같은 검사업체를 통해서 물건을 확인하고 이상이 없음을 확인하는 inspection certificate를 신용장 네고 시 제출해야 하는 네고서류에 포함시킴으로써 예방할 수 있다.

⑥ 이메일해킹

수출자의 이메일을 해킹한 후 수출자 명의로 수입자에게 이메일을 보내서 계좌번호가 변경되었으니 변경된 계좌로 물품대금을 보내라고 요청하고 송금된 돈을 가로채는 수법. 사전에 수입자 측과 계좌번호 변경 시 이메일이 아닌 다른 방식(전화, 서신 등)을 통해서 통지하기로 약속함으로써 예방할 수 있다.

⑦ 대형오더미끼

대형오더를 수주할 수 있도록 도와주겠다며 접근해서 잡다한 명목으로 돈을 요구하는 수법. 공식 루트를 통해서 오더를 수주하고 신분이 확인되지 않은 에이전트나 브로커의 송금요청에 응하지 않음으로써 예방할 수 있다.

무역서식의 명칭

무역현장에서는 오래전에 명칭이 바뀌었는데도 예전에 사용하던 서식명을 그대로 사용하는 경우가 있다. 대표적인 것들이 수출(입)신고필증 대신에 수출(입)면장, 구매확인서 대신에 구매승인서, 물품수령확인증 대신에 인수증 등과 같은 예전 용어를 사용하는 것인데 이런 용어들이 나오면 각각 수출(입)신고필증, 구매확인서, 물품수령확인증이라고 이해하면 된다.

주제별 무역용어

| 무역일반 |

대외무역법 수출입거래를 관리하는 기본법으로서 대외무역을 진흥하고 공정한 거래질서를 확립하여 국제수지의 균형과 통상의 확대를 도모함으로써 국민경제의 발전에 이바지함을 목적으로 함.

외국환거래법 외국환거래를 적절하게 관리함으로써 대외거래를 원활하게 하고 국제수지의 균형, 통화가치의 안정 및 외화자금의 효율적 운영을 도모하기 위한 법.

관세법 수출입물품의 통관과 관세의 부과 및 징수를 총괄하는 법으로서 수출입물품의 통관을 적절하게 하고 관세수입을 확보함으로써 국민경제의 발전을 도모하는 것을 목적으로 함.

개별법 식품위생법, 약사법, 화장품법, 전기용품안전관리법 등과 같이 무역과 직접적인 관련이 없는 법이지만 무역거래를 규제할 수 있는 법.

수출입품목관리제도 사업자등록만 하면 누구나 자유롭게 무역을 할 수 있도록 허용하지만 품목에 따라서는 수출입을 제한함으로써 국가경제나 국민을 보호하기 위한 제도.

수출입공고 수출입품목을 관리하기 위한 기본공고로서 Negative List System에 의해서 품목별로 수출입을 관리함.

통합공고 식품위생법, 약사법, 화장품법, 전기용품안전관리법, 자연 환경보호법 등과 같은 개별법에 의한 품목별 수출입제한 내용을 통합 하여 공고하는 것.

전략물자수출입고시 전략물자의 수출입을 통제함으로써 국제평화 및 안전과 국가안보를 유지하기 위한 규정.

위탁가공무역 외국의 가공업체에게 물품을 제조하는 데 필요한 원부 자재를 공급해주고 물품을 가공하도록 한 다음 가공한 물품을 국내로 들여오거나 현지에서 제3국으로 수출하는 거래형태.

중계무역 제삼국에서 생산된 물건을 구입하여 또 다른 제삼국으로 수출하는 거래형태.

중개무역 자신이 직접 수출입거래를 하지 않고 제삼국의 수출자와 수입자 간의 거래를 중개해주고 수수료를 취하는 것.

오퍼상(Commission Agent) 외국의 수출업자를 대신해서 국내수입업자로부터 오더를 수주하고 커미션을 받는 무역에이전트.

바잉오피스(Buying Office) 외국의 수입업자를 대신해서 국내수출물품의 구매를 관리하는 무역에이전트.

OEM(주문자상표부착방식) Original Equipment Manufacturing의 약자로서 주문자가 지정한 상표를 부착하여 물건을 생산해서 공급하는 방식.

ODM(제조업자개발생산) Original Development Manufacturing의 약자로서 제조업자가 자체 개발한 기술을 바탕으로 물건을 생산하여 주문자에게 공급하는 방식.

BWT(보세창고도거래) Bonded Warehouse Transaction의 약자로서 수출자가 자신의 위험과 비용으로 수입국의 보세창고에 물품을 입고시키고 수입통관을 밟지 않은 상태에서 현지에서 물품을 판매하는 방식.

거래조건(Trade Terms) 수출자와 수입자 간의 무역거래에 따르는 비용과 위험부담을 명확히 하기 위한 조건.

결제방식(Payment Terms) 무역거래에 따르는 물품대금의 지급방식.

신용장(Letter of Credit) 개설은행에서 수출자에게 신용장에 명시된 선적서류와 상환하여 수출대금을 지급하겠다고 약속하는 증서.

선적서류(Shipping Documents) 선적사실을 확인하고 물품을 찾을 수 있도록 수출자가 수입자에게 보내주는 서류로서 상업송장(Commercial Invoice), 포장명세서(Packing List), 선하증권(Bill of Lading) 등이 있음.

샘플오더(Sample Order) 수입판매가능성을 타진하고 시장조사의 목적으로 소량의 물건을 주문하는 것.

시험오더(Trial Order) 물건을 직접 시장에 판매하면서 소비자들의 반응을 살펴보기 위해서 일정규모의 물량을 주문하는 것.

본오더(Main Order) 시험오더해서 판매해본 결과 시장성이 확인된 물건을 본격적으로 주문하는 것.

재오더(Repeat Order) 한 번 주문했던 물건을 다시 주문하는 것.

병행수입(Parallel Import) 원산지의 제조업자로부터 직접 수입하지 않고 유통시장에서 구입하여 수입하는 것.

| 거래조건 |

인코텀즈(INCOTERMS) International Commercial Terms의 약어로서 국제상업회의소(ICC; International Chamber of Commerce)에서 제정한 정형거래조건에 관한 국제규칙(ICC rule for the use of domestic and international trade terms)으로서 보험을 누가 들지를 판단하고 수출입 원가를 계산하는 기준이 됨.

EXW(공장인도조건) Ex Works의 약자로서 공장이나 창고와 같은 지정된 장소에서 수출통관을 하지 않은 물품을 인도하는 조건.

FOB(본선인도조건) Free On Board의 약자로서 지정된 선적항에서 수입자가 지정한 선박에 물품을 적재하여 인도하는 조건.

FAS(선측인도조건) Free Alongside Ship의 약자로서 지정된 선적항에서 수입자가 지정한 선박의 선측에서 물품을 인도하는 조건.

218

FCA(운송인인도조건) Free Carrier의 약자로서 수출국 내의 지정된 장소에서 수입자가 지정하는 운송인에게 수출통관이 완료된 물품을 인도하는 조건.

CFR(운임포함인도조건) Cost and Freight의 약자로서 선적항에서 물품을 적재하여 인도하고 지정된 목적항까지의 운임을 수출자가 부담하는 조건.

CIF(운임보험료포함인도조건) Cost Insurance and Freight의 약자로서 선적항에서 물품을 적재하여 인도하고 지정된 목적항까지의 운임과 보험료를 수출자가 부담하는 조건.

CPT(운송비지급인도조건) Carriage Paid To의 약자로서 수출자가 선택한 운송인에게 물품을 인도하고 지정된 목적지까지의 운송비를 수출자가 부담하는 조건.

CIP(운송비보험료지급인도조건) Carriage and Insurance Paid To의 약자로서 수출자가 선택한 운송인에게 물품을 인도하고 지정된 목적지까지의 운송비와 보험료를 수출자가 부담하는 조건.

DAP(도착지인도조건) Delivered At Place의 약자로서 지정된 목적지에 도착한 운송수단에서 물품을 내리지 않은 상태로 인도하는 조건.

DPU(도착지양하인도조건) Delivered at Place Unloaded의 약자로서 지정된 목적지에 도착한 운송수단에서 물품을 내려서 인도하는 조건.

DDP(관세지급인도조건) Delivered Duty Paid의 약자로서 수입통관된 물품을 지정된 목적지에 도착한 운송수단에서 내리지 않은 상태로 인도하는 조건.

| 결제방식 |

신용장 결제방식 은행에서 발행하는 신용장(Letter of Credit)에 의해서 결제하는 방식.

송금방식(T/T; Telegraphic Transfer) 은행을 통해서 상대방의 계좌로 대금을 송금하는 결제방식.

사전송금방식 물건이 선적 또는 인도되기 전에 미리 물품대금을 송금하는 방식.

사후송금방식 물건이 선적되거나 인도된 후에 물품대금을 송금하는 방식.

OA(Open Account) 사후송금방식으로 수출하고 발생한 외상수출채권을 은행과 약정을 맺고 미리 지급받는 방식.

COD(Cash On Delivery) 물품의 인도와 상환하여 물품대금을 지급하는 방식.

CAD(Cash Against Documents) 선적서류와 상환하여 물품대금을 지급하는 방식.

추심결제방식 은행에서 수입자로부터 대금을 수령하여 수출자에게 전달해주는 방식으로 D/P와 D/A로 나누어짐.

D/P(Documents Against Payment) 수입자가 물품대금을 지급하고 선적서류를 인수하는 방식.

D/A(Documents Against Acceptance) 수입자가 선적서류를 인수하고 일정기간 후에 물품대금을 지급하는 방식.

국제팩토링(International Factoring) 무신용장방식으로 수출하고 발생한 외상수출채권을 팩토링회사에 양도하고 수출대금을 지급받는 방식.

포페이팅(Forfaiting) 무역거래에서 발생하는 장기외상채권을 신용장 또는 은행에서 발행하는 지급보증서나 보증(Aval)을 근거로 포페이터(forfaitor)에게 할인양도하는 방식으로서 대금결제방식이라기보다는 금융기법의 일종임.

| 신용장(Letter of Credit) |

취소불능신용장(Irrevocable L/C) 당사자 전원의 동의가 없이는 취소가 불가능한 신용장.

화환신용장(Documentary L/C) 수출자가 물건을 선적하고 선적서류와 상환하여 대금을 지급받는 신용장.

일람불신용장(At Sight L/C) 선적서류 제시 즉시 대금이 결제되는 신용장.

기한부신용장(Usance L/C) 선적서류 제시 후 일정기간 후에 대금이 결제되는 신용장.

Shipper's Usance L/C 유선스 기간의 이자를 수출자가 부담하는 기한부신용장.

Banker's Usance L/C 유선스 기간의 이자를 수입자가 부담하는 기한부신용장으로서 수출자는 at sight L/C와 마찬가지로 선적 즉시 대금을 수령할 수 있음.

Negotiation L/C(매입신용장) 수출자가 개설은행으로부터 직접 대금을 수령하지 않고 매입은행으로부터 대금을 지급받는 신용장.

Payment L/C(지급신용장) 수출자가 개설은행의 지점 또는 예치환거래은행으로부터 수출대금을 지급받는 신용장.

양도가능신용장(Transferable L/C) 신용장 금액의 일부 또는 전부를 제삼자에게 양도할 수 있는 신용장.

확인신용장(Confirmed L/C) 개설은행과 별도로 확인은행이 신용장에 명시된 대금의 지급을 확약하는 신용장.

회전신용장(Revolving L/C) 동일한 수출자로부터 동일한 물품을 반복해서 수입할 경우 이미 사용된 신용장을 동일한 조건의 새로운 신용장으로 자동적으로 소생시키는 신용장.

견질신용장(Back to Back L/C) 원신용장(Master L/C)을 견질로 하여 원자재나 완제품공급자에게 발행하는 제2의 신용장을 뜻하며, 국내공급자를 수익자로 발행되는 Local L/C와 중계무역 시 국외공급자를 수익자로 발행되는 Sub L/C(Baby L/C)가 있음.

동시개설신용장(Back to Back L/C) 수출자가 신용장을 받은 날로부터 일정한 기일 내에 수입자에게 Counter L/C를 개설해야 신용장이 유효하다는 조건을 단 신용장.

기탁신용장(Escrow L/C) 수출대금을 수출자와 수입자가 합의한 Escrow 계정에 예치한 후 수출자가 수입자에게 Counter L/C를 발급하고 그 결제자금으로만 인출할 수 있도록 하는 신용장.

토마스신용장(Tomas L/C) 동시개설신용장과 같으나 언제까지 Counter L/C를 개설하겠다는 내용의 보증서를 제출하도록 한 신용장.

보증신용장(Stand—by L/C) 물품거래와 상관없이 순수한 보증목적으로 사용되는 신용장.

선대신용장(Red-Clause L/C) 신용장개설의뢰인의 요청에 따라 수출
업자에게 수출대금의 일부 또는 전부를 선적서류제출 이전에 미리 지
급받을 수 있도록 허용하는 신용장.

내국신용장(Local L/C) 수출자가 수취한 신용장을 근거로 국내의 수
출용 원자재나 완제품 공급자 앞으로 발행하는 신용장.

구매확인서 수출자가 국내공급자로부터 구매하는 원자재 또는 완제
품이 수출용 원자재 또는 완제품이라는 사실을 외국환은행이 증명하
는 서식.

개설의뢰인(Applicant) 개설은행에 신용장 개설을 의뢰하는 수입자.

수익자(Beneficiary) 신용장에 의거해 수출을 이행하고 은행으로부터
신용장대금을 지급받는 수출자.

개설은행(Issuing Bank) 수입자의 요청에 의해 신용장을 개설해주는
은행.

통지은행(Advising Bank) 개설은행으로부터 신용장을 접수하여 수출자에게 통지해주는 은행.

확인은행(Confirming Bank) 개설은행과 별도로 신용장에 명시된 대금의 지급을 확약하는 은행.

매입은행(Negotiating Bank) 수출자로부터 신용장에 명기된 선적서류를 매입하고 수출대금을 지급해주는 은행.

상환은행(Reimbursing Bank) 매입은행이 개설은행과 거래관계가 없을 경우 제3의 은행을 통해서 수출대금의 상환이 이루어지도록 하는 데 이러한 역할을 하는 은행을 상환은행이라고 하며 일명 결제은행(Settling Bank)이라고도 함.

네고(Negotiation) 매입은행에서 수출자로부터 선적서류를 매입하고 수출대금을 지급하는 것.

신용장개설수수료(L/C Opening Charge) 개설은행에서 수입자를 대신해서 대금지급을 확약하는 데 따르는 보증료 성격으로 징수하는 수수료.

신용장통지수수료(Advising Commission) 통지은행에서 수출자에게 신용장을 통지할 때 징수하는 수수료.

신용장확인수수료(Confirmation Charge) 확인은행에서 별도의 지급 확약을 해주는 대가로 징수하는 수수료.

환가료(Exchange Commission) 매입은행이 수출자에게 미리 신용장 대금을 지급하고 개설은행으로부터 동 대금을 수취할 때까지의 기간에 대해서 이자 성격으로 징수하는 수수료.

미입금수수료(Less Charge) 매입은행에서 예상치 못했던 수수료가 해외은행으로부터 징수된 경우에 수출자로부터 추징하는 수수료.

지연이자(Delay Charge) 수출의 경우 개설은행으로부터 대금의 입금이 지연되거나, 수입의 경우 수입자의 대금지급이 지연될 경우에 징수하는 수수료.

대체료(In Lieu of Exchange Commission) 외화계정으로 입출금을 할 경우 은행에서 외국환매매에 따르는 이익을 얻을 수 없는 것을 보전하기 위해서 징수하는 수수료.

Draft(환어음) 수출자가 개설은행 또는 수입자 앞으로 발행하는 지급 요청서.

Tenor of Draft 환어음의 지급기일.

Latest Shipment 최종선적기한.

E/D(Expiry Date) 신용장의 유효기간으로서 신용장에서 요구하는 서류를 제출하는 마감시한.

S/D(Shipping Date) 선적일자.

분할선적(Partial Shipment) 물건을 두 차례 이상 나누어 싣는 것.

환적(Transshipment) 물건을 선적항에서 도착항까지 같은 선박으로 운송하지 않고 중간 기착지에서 다른 선박에 옮겨 싣는 것.

원산지(Origin) 물품이 생산된 국가.

선적지(Shipping Port) 물건이 선적되는 곳.

도착지(Destination) 물건이 도착할 곳.

신용장통일규칙 신용장에 대한 각기 다른 해석으로 인해 발생하는 분쟁에 대비하기 위해서 국제상업회의소(International Chamber of Commerce)에서 제정한 신용장의 해석기준.

| 무역계약 |

Offer(오퍼) 수출자가 수입자에게 수출할 물건의 명세, 가격, 납기 등의 제반 거래조건을 제시하는 것.

Offer Sheet(물품매도확약서) 오퍼의 내용을 명시하여 발행하는 서식.

Proforma Invoice(견적송장) 수출자가 수입자와 합의한 계약조건을 명시하여 발행하는 서식.

Purchase Order(주문서) 수입자가 수입할 물품의 명세와 계약조건을 명시하여 발행하는 서식.

클레임(Claim) 계약당사자 중 한 쪽에서 계약을 제대로 이행하지 않았을 때 피해자가 상대방에게 손해보상을 청구하는 권리 또는 손해배상을 요구하는 것.

알선(Intermediation) 당사자의 일방 또는 쌍방의 의뢰에 따라 상공회의소, 상사중재원 등과 같은 기관에서 타협안을 제시함으로써 클레임을 해결하는 방식.

조정(Conciliation) 당사자 쌍방의 조정합의에 따라 공정한 제3자를 조정인으로 선임하여 분쟁해결방안을 제시해줄 것을 요청하고, 조정인이 제시하는 조정안에 쌍방이 동의함으로써 클레임을 해결하는 방법.

중재(Arbitration) 당사자 쌍방의 중재합의에 의하여 공정한 제3자를 중재인으로 선정하고, 중재인이 내린 중재판정에 무조건 복종함으로써 분쟁을 해결하는 방식.

소송(Litigation) 사법기관의 판결에 의하여 무역클레임을 강제적으로 해결하는 방법.

뉴욕협약(New York Convention) 공식명칭은 United Nations Convention on the Recognition and Enforcement of Foreign

Arbitral Awards(외국중재판정의 승인 및 집행에 관한 유엔협약)이며, 체약국 내의 중재판정의 결과는 외국에서도 강제집행이 가능하도록 규정해 놓았음.

비엔나협약(Vienna Convention) 공식명칭은 United Nations Convention on Contracts for the International Sales of Goods(CISG; 국제물품매매에 관한 유엔협약)이며, 모든 국제물품계약에 공통적으로 적용되는 기본법으로서 매도인과 매수인의 권리와 의무에 관한 규정을 담고 있음.

| 선적서류 |

상업송장(Commercial Invoice) 물품명세서와 대금청구서의 용도로 수출자가 발행하는 서식으로서 물품의 명세, 수량, 단가 및 총 금액을 표시.

Description 물건의 명세.

Quantity 물건의 양.

Unit Price 물건의 단가.

Amount 물건의 총액.

포장명세서(Packing List) 물품의 포장명세, 무게, 부피 등을 표시한 포장내역서.

Net Weight 물건의 순중량.

Gross Weight 물건의 순중량에 포장용기의 중량을 합한 중량.

Measurement 물건의 부피.

CBM(Cubic Meter) 가로, 세로, 높이가 각각 1m일 때의 부피단위.

선하증권(B/L; Bill of Lading) 해상운송계약에 따라 화물을 인수하고 증권에 기재된 조건에 따라 운송하며 지정된 목적항에서 증권의 정당한 소지인에게 화물을 인도할 것을 약정하는 유가증권.

Original B/L 흔히 '오비엘'이라고 부르는 선하증권의 원본.

Master B/L 선박회사에서 포워더에게 발행하는 B/L.

House B/L Forwarder B/L이라고도 불리며 Master B/L을 근거로 포워더가 화주에게 발행하는 B/L.

Third Party B/L B/L상의 선적인이 계약당사자가 아닌 제3자가 되는 것.

Stale B/L 신용장에 명시된 제시시한이 경과한 B/L.

항공화물운송장(AWB; Air Waybill) 화물을 인수하였음을 증명하고 동 화물을 항공으로 운송하여 운송장에 명시한 수하인에게 인도할 것을 약정하는 운송계약증서.

해상화물운송장(SWB; Sea Waybill) 화물을 인수하였음을 증명하고 동 화물을 해상으로 운송하여 운송장에 명시한 수하인에게 인도할 것을 약정하는 운송계약증서.

보험증권(Insurance Policy) 보험회사에서 발행하는 손해보장확인 증서.

원산지증명서(Certificate of Origin) 물품의 원산지를 확인하기 위해서 수출국의 상공회의소나 관련 관공서에서 발급하는 증명서.

검사증명서(Inspection Certificate) 수입자가 지정하는 검사기관에서 수출품 선적 전에 수출품의 품질이나 수량을 검사하고 이상이 없음을 확인해주는 증명서.

| 포장 |

Individual Packing 개별 물품에 대한 포장.

Inner Packing 개별물품을 일정량씩 포장하는 중간포장.

Export Packing 수출용포장.

Export Carton Box 수출포장용 카튼박스.

화인(Shipping Mark) 화물의 포장박스 표면에 수입자의 상호, 도착항, 아이템번호, 포장일련번호, 원산지 등을 표기하는 것.

| 운송 |

컨테이너운송 화물을 컨테이너에 적재하여 운송하는 방식.

벌크(Bulk)운송 광물이나 곡물 등과 같은 화물을 야적상태로 운송하는 방식.

복합운송(Multimodal Transport) 하나의 운송계약에 의거 서로 다른 두 가지 이상의 운송수단을 사용하여 화물을 운반하는 것.

복합운송주선업자(Forwarder) 운송과 관련된 모든 업무를 일괄해서 대행해주는 업체.

수하인(Consignee) B/L상에 명시된 화물의 수취인.

통지인(Notify Party) 선박회사에서 물건을 찾아가라고 연락해주는 대상.

S/R(선복신청서) Shipping Request의 약자로서 선박회사에 화물을 선적할 공간을 요청하는 서류.

포장

운송

S/O(선적지시서) Shipping Order의 약자로서 선박회사에서 화물을 선박에 적재하여 목적지까지 운송할 것을 선장에게 지시하는 서류.

M/R(본선인수증) Mate's Receipt의 약자로서 일등항해사가 화물수령의 증거로 발행하는 서류.

D/R(부두수취증) Dock Receipt의 약자로서 컨테이너 화물을 부두에서 수령했다는 증거로 발행하는 서류.

Arrival Notice(화물도착통지서) 운송업체에서 선박의 도착스케줄을 화주에게 통보해주는 서류.

D/O(화물인도지시서) Delivery Order의 약자로서 선주나 그 대리점이 본선의 선장에게 화물의 인도를 지시하는 서류.

Clean B/L 선적지시서에 기재된 내용과 화물이 일치하고 포장에 이상이 없어 선하증권에 아무런 하자표시가 들어있지 않은 무하자 선하증권.

Unclean B/L 화물의 수량 및 성질 등에 하자가 있을 경우 선하증권에 하자표시를 한 하자선하증권.

L/I(파손화물보상각서) Letter of Indemnity의 약자로서 하자물품을 선적할 경우에 Clean B/L을 받기 위해서 Shipper가 선박회사에 책임을 전가시키지 않겠다고 서약하는 서류.

L/G(수입화물선취보증서) Letter of Guarantee의 약자로서 수입자와 신용장개설은행이 연대하여 선박회사에 선하증권 원본이 도착하는 대로 이를 제출할 것과 선하증권 원본 없이 물건을 인도받는 데 따른 모든 문제에 대해서 선박회사에게 책임을 지우지 않겠다고 보증하는 서류로서 인근국가 간의 신용장방식에서 서류보다 물건이 먼저 도착함으로써 수입자가 물건을 제때 인수할 수 없을 때 사용함.

Surrendered B/L Original B/L의 발행을 포기하거나 이미 발행된 경우 이를 선박회사에 반납하는 것을 뜻하며, 인근국가 간의 거래에서 물건 도착 즉시 선하증권 사본을 제시하고 물건을 찾고자 할 때 사용함.

운송

Switch B/L 중계무역거래에서 중계무역업자가 제3국의 수출자로부터 받은 선하증권을 선박회사에 반납하고 새로운 선하증권을 발급받는 것을 뜻하며, 최종수입자에게 수출자가 노출되는 것을 방지하기 위해서 선하증권에 명시된 선적인(shipper)을 바꾸기 위한 목적으로 사용함.

T/R(수입담보화물대도) Trust of Receipt의 약자로서 수입자가 물품 대금을 지급하기 전에 은행이 담보권을 확보한 상태에서 수입자에게 수입물품을 통관해서 처분할 수 있도록 허용하는 것.

FCL(Full Container Load) 단독으로 컨테이너를 채울 수 있는 화물.

LCL(Less than Container Load) 단독으로 컨테이너를 채울 수 없어서 다른 화주의 화물과 함께 실어야 하는 소량화물.

CT(Container Terminal) 컨테이너전용부두에 설치되어 있는 컨테이너 집결지를 뜻하며, 수출화물이 선적되기 전이나 수입화물이 하역되어 대기하는 장소임.

CY(Container Yard) 컨테이너터미널 내에 위치한 컨테이너야적장으로서 수출 시 선박에 컨테이너를 싣기 전이나 수입 시 선박에서 내린 컨테이너를 모아두는 장소를 뜻함.

CFS(Container Freight Station) 복수의 송화인으로부터 LCL 화물을 인수해서 컨테이너에 적재하는 작업을 하거나, 수입된 LCL 화물을 컨테이너에서 하역하는 작업을 하는 장소로서 컨테이너작업장이라고 부름.

ICD(Inland Container Depot) 내륙에 위치한 컨테이너기지로서 항구나 공항과 마찬가지로 컨테이너 화물처리를 위한 시설을 갖추고 수출입화물의 통관, 화물집하, 보관, 분류, 간이운송, 관세환급 등 종합물류 터미널로서의 기능을 다하는 지역을 일컬음.

Freight Prepaid 운송 전에 운임을 미리 결제하는 것.

Freight Collect 운송이 완료된 후에 운임을 결제하는 것.

선적통지(Shipping Notice) 수출자가 수입자에게 선적스케줄을 통보하는 것.

ETD(Estimated Time of Departure) 예상출항일자.

ETA(Estimated Time of Arrival) 예상도착일자.

분할선적(Partial Shipment) 물건을 두 차례 이상 나누어 싣는 것.

환적(Transshipment) 물건을 선적항에서 도착항까지 같은 선박으로 운송하지 않고 중간 기착지에서 다른 선박에 옮겨 싣는 것.

운송

BAF(Bunker Adjustment Factor) 선박의 주원료인 벙커유 가격변동에 따르는 손실을 보전하기 위해서 부과하는 유류할증료.

EMS(Emergency Bunker Surcharge) 전쟁이나 분쟁, 산유국의 담합으로 유가가 폭등할 경우 긴급 부과하는 할증료.

CAF(Currency Adjustment Factor) 운임표시 통화의 가치하락에 따른 손실을 보전하기 위해서 부과하는 통화할증료.

THC(Terminal Handling Charge) 수출화물의 경우 CY에 입고된 시점부터 본선선측에 도착할 때까지, 수입화물의 경우 본선선측에서부터 CY에 입고될 때까지 화물의 이동에 따르는 화물처리비용.

CCC(Container Clearing Charge) 컨테이너 청소비용.

WFG(Wharfage) 항만운영업자가 부두사용료조로 부과하는 요금.

DOC Charge(Document charge) 수출 시 B/L, 수입 시 D/O를 발급해줄 때 징수하는 서류발급비.

DOC Fee(Document Fee) 포워더가 징수하는 서비스 비용.

Storage Charge 화물이 입고돼서 출고될 때까지 보관료조로 터미널에서 화주에게 징수하는 비용.

Demurrage Charge 컨테이너를 정해진 기간 내에 가져가지 않을 때 선박회사가 화주에게 부과하는 비용. Bulk cargo의 경우에는 정해진 기간 내에 선적이나 하역을 하지 못해서 선박의 출항이 지연되는 경우 선박회사에서 화주에게 부과하는 체선료를 뜻함.

Detention Charge 컨테이너를 정해진 기간 내에 반납하지 않을 때 지연된 반납에 대한 피해보상 명목으로 선박회사에서 화주에게 부과하는 비용.

Free Time 컨테이너를 가져가거나 반납할 때까지 별도의 비용을 부과하지 않고 허용해주는 기간.

보험

| 보험(Insurance) |

적하보험 운송 중에 발생하는 물품의 분실이나 파손을 보상해주는 보험.

Insurer 보험자 즉 보험회사.

Insured 피보험자 즉 보험에 드는 자.

Insured Amount 보험금액.

Insured Premium 보험료.

Insurance Policy 보험증권.

전손(Total Loss) 물건의 전부가 멸실되거나 손상 정도가 심해서 구조나 수리비가 보험에 든 금액보다 큰 경우.

현실전손(Actual Total Loss) 물건이 현실적으로 존재할 수 없을 정도로 심한 손상을 입거나 멸실된 경우.

추정전손(Constructive Total Loss) 물건이 손실 또는 손상되어 수리비용, 보험금이 수리 후의 화물의 가치를 초과하여 전손으로 추정될 정도의 손해를 입은 경우.

분손(Partial Loss) 물건의 일부만이 손상된 경우.

단독해손(Particular Average) 손해를 입은 구성원의 단독부담으로 돌아가는 손해.

공동해손(General Average) 해상에서 위험에 처한 선박을 구하기 위해서 일부를 희생시킴으로써 발생한 손해를 공동으로 부담하는 것.

무역보험 수출입거래에서 발생하는 다양한 위험 중에서 적하보험에서 커버되지 않는 위험으로 인한 손실을 보상해주는 보험.

수출보험 수출거래에서 발생하는 다양한 위험 중에서 적하보험에서 커버되지 않는 위험으로 인한 손실을 보상해주는 보험.

수입보험 수입거래에서 발생하는 다양한 위험 중에서 적하보험에서 커버되지 않는 위험으로 인한 손실을 보상해주는 보험.

보험

단기수출보험 결제기간이 2년 이내인 수출계약을 체결한 후 수출이 불가능하게 되거나 수출대금을 받을 수 없는 경우의 손실을 보상해주는 보험.

중장기수출보험 결제기간이 2년을 초과하는 수출계약을 체결한 후 수출이 불가능하게 되거나 수출대금을 받을 수 없는 경우의 손실을 보상해주는 보험.

환변동보험 수출입거래에서 발생하는 환율변동으로 인한 손실을 보
상해주는 보험.

| 통관(Customs Clearance) |

통관(Customs Clearance) 무역관련법령에 의거 물품의 수입과 수출
에 따른 각종 규제사항을 확인하고 관세를 부과하기 위한 세관의 통과
절차.

관세(Customs Duty) 수입물품에 대해 과세하는 세금.

HS(Harmonized System) 무역서류와 통계자료의 통일성을 기하고
자 관세협력이사회가 제정한 국제적인 통일상품분류체계.

HSK(The Harmonized System of Korea) HS를 우리나라의 실정에
맞게 보완한 것으로서 수출입화물을 10자리의 숫자로 분류함.

수출신고(Export Declaration) 외국에 수출하는 물건의 명세와 거래

조건 등을 세관장에게 서면으로 신고하는 것.

수입신고(Import Declaration) 외국으로부터 수입하는 물건의 명세와 거래조건 등을 세관장에게 서면으로 신고하는 것.

수출신고필증 세관장이 수출자에게 수출이 허가되었음을 증명해주는 서류.

수입신고필증 세관장이 수입자에게 수입이 허가되었음을 증명해주는 서류.

보세제도 외국물품에 대한 관세의 징수를 일정기간 유보하는 제도.

보세구역(Bonded Area) 수출신고를 마친 수출품이나 수입신고를 하기 전의 수입품을 보관하는 장소.

보세창고(Bonded Warehouse) 외국물품 또는 통관을 하고자 하는 물품을 일시적으로 보관하기 위한 장소.

통관

보세운송(Bonded Transportation) 수출신고를 마친 수출품이나 수입신고를 하기 전의 수입품을 운송하는 것.

관세환급 수입 시 징수한 관세를 특정한 요건에 해당하는 경우에 전부 또는 일부를 되돌려주는 것. 주로 수출품의 제조에 사용한 원재료를 수입할 때 납부한 관세를 되돌려주는 것을 일컬음.

개별환급 수출품을 제조 또는 가공할 때 사용한 원재료를 수입할 때 납부한 관세 등의 세액을 사용한 원재료별로 확인하고 계산하여 환급금을 산출하는 방식.

간이정액환급 수출품목별로 환급해줄 금액을 미리 정하여 간이정액환급률표를 작성해 놓고 소요원재료별 납부세액을 일일이 계산하지 않고 간이정액환급률표에 기재된 환급금액을 그대로 환급해주는 방식.

소요량증명서 무역금융이나 관세환급을 받기 위해서 수출품을 생산하는 데 필요한 원자재의 양을 확인하여 발급하는 증명서.

분할증명서(분증) 외국에서 수입한 원료를 제조 또는 가공하지 않고 수입한 그대로 수출용원재료로 국내에서 공급하는 경우 해당 원료를 수입할 때 납부한 관세 등의 세액을 증명하는 서류.

기초원재료 납세증명서(기납증) 외국에서 수입한 원재료를 가공한 중간원재료를 국내에서 공급받아 수출품을 제조 또는 가공하는 경우 중간원재료의 국내공급업자가 원재료를 수입할 때 납부한 관세 및 내국세의 세액을 증명해주는 서류.

평균세액증명서 수출용원재료를 HSK 10단위별로 통합함으로써 규격 확인을 생략하고 전체 물량의 단위당 평균세액을 산출하여 증명하는 서식으로서 개별환급절차를 간소하게 하기 위해서 고안된 제도임.

중앙경제평론사 Joongang Economy Publishing Co.
중앙생활사 | 중앙에듀북스 Joongang Life Publishing Co./Joongang Edubooks Publishing Co.

중앙경제평론사는 오늘보다 나은 내일을 창조한다는 신념 아래 설립된 경제·경영서 전문 출판사로서 성공을 꿈꾸는 직장인, 경영인에게 전문지식과 자기계발의 지혜를 주는 책을 발간하고 있습니다.

인코텀즈 2020 7일만에 쉽게 끝내는 무역실무 〈최신 개정판〉

초판 1쇄 발행 | 2017년 6월 20일
초판 3쇄 발행 | 2019년 4월 20일
개정초판 1쇄 발행 | 2020년 1월 8일
개정초판 3쇄 발행 | 2022년 3월 15일

지은이 | 이기찬(KeeChan Lee)
펴낸이 | 최점옥(JeomOg Choi)
펴낸곳 | 중앙경제평론사(Joongang Economy Publishing Co.)

대　　표 | 김용주
책임편집 | 이상희
본문디자인 | 박근영

출력 | 한영문화사　종이 | 에이엔페이퍼　인쇄·제본 | 한영문화사

잘못된 책은 구입한 서점에서 교환해드립니다.
가격은 표지 뒷면에 있습니다.

ISBN 978-89-6054-238-9(03320)

등록 | 1991년 4월 10일 제2-1153호
주소 | ⑦ 04590 서울시 중구 다산로20길 5(신당4동 340-128) 중앙빌딩
전화 | (02)2253-4463(代)　팩스 | (02)2253-7988
홈페이지 | www.japub.co.kr　블로그 | http://blog.naver.com/japub
페이스북 | https://www.facebook.com/japub.co.kr　이메일 | japub@naver.com
♣ 중앙경제평론사는 중앙생활사·중앙에듀북스와 자매회사입니다.

도서
주문　www.japub.co.kr
전화주문 · 02) 2253 - 4463

※ 이 도서의 국립중앙도서관 출판시도서목록(CIP)은 서지정보유통지원시스템 홈페이지(http://seoji.nl.go.kr)와 국가자료공동목록시스템(http://www.nl.go.kr/kolisnet)에서 이용하실 수 있습니다.(CIP제어번호:CIP2019048735)

중앙경제평론사/중앙생활사/중앙에듀북스에서는 여러분의 소중한 원고를 기다리고 있습니다. 원고 투고는 이메일을 이용해주세요. 최선을 다해 독자들에게 사랑받는 양서로 만들어드리겠습니다. **이메일 | japub@naver.com**